中国高铁发展对房地产投资空间效应的影响研究

游悠洋　著

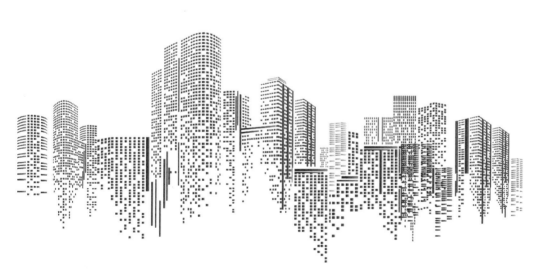

经济管理出版社

ECONOMY & MANAGEMENT PUBLISHING HOUSE

图书在版编目（CIP）数据

中国高铁发展对房地产投资空间效应的影响研究/游悠洋著 . —北京：经济管理出版社，2021. 6

ISBN 978-7-5096-8083-4

Ⅰ . ①中… Ⅱ . ①游… Ⅲ . ①高速铁路—铁路运输发展—影响—房地产投资—中国 Ⅳ . ①F299. 233. 53

中国版本图书馆 CIP 数据核字（2021）第 128419 号

组稿编辑：陆雅丽
责任编辑：陆雅丽
责任印制：黄章平
责任校对：王淑卿

出版发行：经济管理出版社
　　　　　（北京市海淀区北蜂窝 8 号中雅大厦 A 座 11 层　　100038）
网　　　址：www. E-mp. com. cn
电　　话：（010）51915602
印　　刷：唐山玺诚印务有限公司
经　　销：新华书店
开　　本：720mm×1000mm/16
印　　张：13
字　　数：186 千字
版　　次：2021 年 7 月第 1 版　2021 年 7 月第 1 次印刷
书　　号：ISBN 978-7-5096-8083-4
定　　价：78. 00 元

前　言

　　高速铁路建设是近十年我国交通基础设施的一项重大工程。截至 2017 年底，我国高铁营业里程达 2.5 万千米，在全球高铁市场中，中国中车①占据市场最高份额，全球占比将近七成，基本建成四纵四横的高铁运输网；至 2025 年，我国高速铁路营业里程将达到 3.8 万千米，形成八纵八横的高铁运输网。高速铁路建设使我国交通基础设施得到根本性改善，显著降低了劳动者的通勤成本和搜索成本，降低了企业的运输成本，提高了运输效率和资源配置的有效性，扩大了各区域市场的规模，促进了各种生产要素及其知识技术在各区域间的传播，对经济增长产生正向促进作用。同时，地区之间各方面联系因高铁等交通基础设施的完善而增强，要素在不同地区之间流动，使分工精细化、专业化，产业不断集聚，有利于国民经济又好又快地高质量发展。

　　但是，现有研究更多地关注高铁建设对制造业、生产性服务业等空间集聚的影响，很少有文献研究高铁建设对房地产业空间格局的影响。房地产业与制造业等最大的区别是位置固定性和产品不可移动性，高铁建设究竟如何影响房地产业空间格局变化？我国房地产宏观调控区域政策是否需要做调整？现有文献尚未有系统研究，因此本书研究具有重要的学术理论价值和实践意义。

　　本书采用房地产开发投资额和房地产就业人数代表房地产投资规模，间

---

　　① 中国中车股份有限公司（简称中国中车），由中国北车股份有限公司、中国南车股份有限公司按照对等原则合并组建，总部设在北京。

接反映房地产行业规模。通过极品时刻表和盛名时刻表挖掘 2007~2017 年全国列车班次数据表，综合整理得到我国高速铁路出发—到达两两城市之间的 G 车、D 车、C 车运行距离、费率、运行时间、单向运行频率、双向运行频率，据此构建高铁建设影响的评价指标——高铁开通城市的节点强度和市场潜力。以节点强度和市场潜力为主要解释变量，通过理论机理分析和统计分析、普通面板数据模型和空间面板数据模型等实证计量研究系统分析论证高铁建设对房地产投资的空间效应，并提出相应的房地产宏观调控区域政策思路。本书研究的主要结论是：

第一，高铁建设对房地产投资空间效应的机理是：高铁带来了地区间人员出行的便利性，市场容量取决于运输条件，交通运输条件的改善可望带来分工程度的提升。

此外，由于高铁对房地产业存在区位强化效应、市场结构效应和要素整合效应，随着高铁网络日益完善、运输时间成本和交易成本不断下降，高铁的建设开通显著改善了高铁开通城市的区域内和区域间的交通基础设施。若区域内商品由于运输基础设施改善而提高的需求大于由于税收而降低的需求时，区域内运输基础设施的改善将吸引企业流向这个区域。对于区域内运输基础设施的改善越大，区域间的交通情况越好。在相对贫穷区域内的基础设施改善了，区域外的企业由于区域内产生的高需求将流动至这个区域。在跨区域运输基础设施发达的情况下，产业更容易利用新的运输基础设施而重新选择企业的地理位置。房地产投资效用与人口、经济、市场潜能等因素存在正向相关关系。若高铁发展导致人口、经济向核心城市（高铁沿线的大城市）空间集聚，使集聚地区（核心城市）市场潜能扩大，引起房价与租金的上涨，便会引起核心城市房地产投资的增加，表现为房地产投资和房地产的产业规模向核心城市集聚。反之，若高铁发展导致人口、经济的空间溢出，市场潜能在空间上溢出，引起高铁沿线中小城市房价与租金的上涨，便会引起沿线中小城市房地产投资的增加，表现为房地产投资和房地产的产业规模由核心城市向中小城市溢出。集聚与溢出是一个动态过程。核心城市聚集到一定程度将面临土地资源稀缺的"瓶颈"，必然要向中小城市溢出。在房地产发展到一定阶段，向核心城市聚集与向中小城市溢出可能同时发生。

第二，通过对观测数据的统计分析发现，一是 2007~2017 年，我国房地产业的空间异质性在减弱，无论房地产开发投资额还是房地产就业人数，按省域计算都在逐步均衡。二是代表高铁开通区位强化效应的城市节点强度指标和代表高铁开通市场结构效应的城市市场潜力指标，都与房地产开发投资完成额和房地产就业人数呈显著正相关，从实际经验数据上证实了高铁枢纽城市带动房地产投资的事实。三是按照房地产经济学区域经济三部门模型，城市人口规模、制造业规模与房地产业应有正相关关系。统计模型研究表明，房地产投资完成额和房地产就业人数与高铁开通城市人口规模以及制造业规模呈显著的正相关关系。验证了第三章关于高铁建设对房地产投资空间格局变化的理论分析，可以将节点强度、市场潜力、城市人口规模、制造业规模分别作为解释变量和控制变量构建面板数据模型和空间面板数据模型，深入研究高铁发展对房地产投资的空间效应。

第三，在房地产经济学区域经济三部门模型基础上，将"高铁因素"加入模型，构建了普通面板数据模型。采用混合回归、聚类标准误回归、固定效应、双向固定效应、随机效应和异方差修正回归六种模型分别估计并筛选模型效果，通过变换自变量指标对实证结果的稳健性进行检验。面板数据模型研究表明：房地产投资完成额和房地产就业人数与高铁开通城市节点强度和市场潜力都呈正相关关系，表明从网络结构分析的高铁开通城市节点强度和市场潜力对房地产开发投资具有显著的正向影响。另外，房地产投资完成额和房地产就业人数也与城市人口规模、制造业规模显著正相关。进一步验证了第三章的部分机理，即房地产投资效用与人口、经济、市场潜能等因素存在正相关关系。高铁发展导致人口、经济向高铁沿线城市空间集聚，市场潜能扩大，促进房地产投资沿高铁站点城市集聚。同时，这也从计量经济模型验证了第四章的观测与统计分析结果。"高铁因素"应该是房地产投资空间效应模型的重要解释变量。

第四，采用 SARAR 空间经济计量模型和动态空间自回归模型进行空间面板数据模型实证研究，并用空间杜宾模型进行稳健性检验，通过模型分析计算证明，高铁开通对房地产投资存在空间集聚和空间溢出效应，验证了第三章有关高铁开通对房地产投资空间效应的机理研究结论。在高铁影响下房地产投资空间效应究竟表现为集聚或溢出取决于高铁交通基础设施的网络效应和本地效应。高铁开通导致的交通基础设施改善具有网络效应，即本地房地产投资和从业人数的增加有助于促进人流和贸易往来，进一步促进其他相邻地区房地产投资和从业人数的增长。同时，高铁开通导致的交通基础设施改善还具有本地效应，即本地的房地产开发投资完成额增加会将周边地区的人力和资本等要素吸引到本地，对周边地区地级市的房地产开发投资带来不利的影响。若本地交通基础设施改善具有的本地效应小于网络效应，相邻地区的高铁交通基础设施改善对本地房地产开发投资完成额的正向溢出效应超过了负向溢出效应，表现为房地产投资和房地产就业规模由核心城市向中小城市溢出。若本地交通基础设施改善具有的本地效应大于网络效应，相邻地区的高铁交通基础设施改善对本地房地产开发投资完成额的负向溢出效应超过了正向溢出效应，表现为房地产投资和房地产就业规模向核心城市集聚。这是一个动态过程，高铁发展正在促进房地产业由集聚向分散转化，从而改变房地产业的空间格局。

进一步研究发现，房地产业与制造业、生产性服务业等产业不同，一是房地产业是高度依赖土地的产业，一般土地支出占房地产开发投资总成本的30%左右。一、二线城市等核心城市虽然市场潜力大于中小型城市，但随着产业和人口集聚，土地资源稀缺性日益严重，导致土地成本大幅上升，房地产总成本大幅上涨，迫使一部分房地产企业到高铁沿线、发展条件好的中小型城市要土地和发展，导致房地产业先行于其他产业向部分条件优越的中小城市扩散和集聚。二是核心—边缘理论认为，产品差异化是促进集聚的强大推动力。房地产业的产品差异化远没有制造业和生产性服务业显著；相反，房地产业普遍存在产品同质化趋势，因此高铁发展及运输和交易成本降低带来的房地产产品价格竞争加剧，很难通过产品差异化来缓解，这也是促使部分房地产企业到高铁沿线、发展条件好的中小型城市扩散发展的重要原因。所以，我国高铁快速发展总体上促进了房地产业空间格局由集聚向分散转化。

根据以上研究结论，可以得出如下的政策启示：一是房地产业作为中国重要的支柱产业和民生产业，随着我国城市化步入中后期，房地产宏观调控政策也应该做适当调整。用好高铁发展对房地产投资空间格局变化的机遇，选择西部部分重点城市进行房地产业和配套实体产业（包括制造业和第三产业）的重点扶植，将房地产宏观调控与落后区域发展结合起来，打造西部的区域经济增长点，发挥高铁等交通基础设施建设对跨区域社会经济发展的促进作用。二是应改变国家对房地产采取按一、二、三、四线分类城市调控方式，研究制定按照城市群调控的政策，确保城市群总供给与总需求平衡，并针对核心大城市和边缘中小城市统筹制定一体化的调控房地产供求平衡的政策措施。三是加强高铁沿线中小城市房地产投资溢出的宏观规划与管控，积极引导制造业、第三产业等实体产业向这些城市集聚和匹配发展。四是调整扩大国家住房租赁市场发展战略重点，除大力发展住房供求矛盾突出的核心大城市住房租赁市场外，应加强研究制定高铁沿线具有优越旅游、休闲资源的中小城市住房租赁市场发展政策，为候鸟型居住群体提供租赁住房服务，减少因大量候鸟型购房对这些城市土地资源的过度占用和资源浪费以及住房空置，提高住房利用效率，节约土地资源。

本书的主要创新之处：一是以新经济地理学、区域经济学和房地产经济学理论为指导，从理论和实证两方面系统研究高铁发展如何影响我国房地产业空间格局变化及其内在机制，并提出调整我国房地产宏观调控区域政策思路，弥补现有研究的不足。二是通过高铁班次表挖掘高铁班次频率，测算高铁网络节点强度和市场潜力作为高铁影响的核心解释变量，以此为基础构建系列计量经济学模型，深化对高铁效应的认识和理解，在方法论上有所创新。

本书只是高铁建设对房地产投资空间效应影响研究的初步成果，仍有许多问题需要在今后的研究工作中进行深化。例如，进一步划分城市等级和不同城市群类型，研究高铁站点开通城市的房地产开发投资空间效应；进一步研究高铁开通对沿线部分中小城市房地产投资过度溢出问题以及可能形成的金融风险和防范措施；进一步研究高铁开通对沿线某些中小城市可能产生的房地产投资净"负溢出"及其对该类城市经济发展的影响等。这些是今后要努力的方向。

目　录

第一章 绪 论

第一节 研究背景

一、高铁发展——中国交通基础设施重大改善

（一）高铁发展概况

在经济增长的有关理论中，基础设施建设被认为是加速经济增长的关键因素之一。交通运输是不可或缺的基础设施，也是国民经济中的重要部门。交通运输被定义为让人或者有形的物体通过交通工具发生的目的性空间位移。用于交换的运输体系是城市之所以存在的必要条件之一，一个城市只有拥有了高效的运输体系，才能方便物物交换。经济和社会发展的重要条件和前提就是交通运输，因为它不仅为劳动专业化、地域化分工，为交换材料也提供了重要的基础设施保障，在社会化生产的背景下，促进全世界要素的流动。

铁路作为第一种大运量陆路运输交通工具，在人类发展史上扮演着极为重要的角色。高速铁路在当前的现代化发展体系中，是极为关键的"风向标"。高速铁路的定义根据 2013 年 3 月起正式施行的"新国标"[①]，依据速率

[①] 中国高铁新标准于 2013 年 3 月 1 日起施行，它对高速铁路进行了新的规定。

分别为运行速率为 250 千米/小时的新建动车组和运行速率不低于 200 千米/时的客运专线。虽然高铁的运输成本并不低，但是随着运距的增大，其效率在不断增加，成为在中长途的旅行距离中可以与航空和公路竞争的重要交通运输方式，其比公路、航空运输和传统铁路更便捷，在城际交通中颇具竞争力。一般认为，高速列车的竞争优势在 1～3 小时内，以速度为 200 千米/小时计算，则在 200～600 千米（Givoni，2006；Froidh，2008）。运输速度的变化影响高铁优势范围，如果以 300 千米/小时计算，优势范围则为 300～900 千米。

在高铁的主要发展历程中，早期日本的新干线东海道线，法国、英国、意大利、德国等建成通车，沿线的经济被推动发展。中期欧洲诸多国家如法国、德国、意大利等高铁的兴建，促成了欧洲高铁网络的初步成型。后期在美国、中国、欧洲大部分国家的高铁建设热潮中，中国高铁也因为发展迅猛，跻身世界前列。

2003 年，中国第一条时速达到 200 千米/小时的高铁路线开通，距世界上第一条高铁——日本新干线（1964 年开通）50 年。到 2013 年 7 月，中国已经拥有世界上最大的高铁网络（9760 千米），占据世界总量的 46%。中国用了仅仅 10 年的时间就建设了在世界其他地区需要花费 1 个世纪的工程。2008 年，中国第一条新建设高铁路线（北京—天津）竣工运营，最大时速达到 350 千米/小时，象征着中国步入了"高铁时代"。2014 年底，中国拥有了世界上最长也是最繁忙的高铁网络，共计 15399 千米的运行，贯通 81 个城市，累计服务了 8 亿多旅客。2016 年 7 月修编的《中长期铁路网规划》(2016～2030 年)，要在全国建设"八纵八横"高铁网。客运专用铁路建设旨在联结中国主要一、二线城市，也是最重要的经济走廊，即"八纵八横"。所有这些"八纵八横"间的城市都可以在 8 小时内到达北京。根据 2017 年中国政府工作报告，计划当年完成 8000 亿元铁路建设投资，同年 2 月，颁发了《"十三五"现代综合交通运输体系发展规划》，计划至 2020 年常住人口在 100 万以上的城市中将有八成通高速铁路。

（二）中国城市高铁网络结构形态

日本作为最早开通高铁的国家，其 71 号法令明确规定，多数区段的最大速度大于等于 200 千米/小时，即可归入高速铁路的范畴。根据国际铁路联盟的相关文件，通过改造处理可以提升至 200 千米/小时，或新建的 250~300 千米/小时的线路即可归入高铁的范畴；根据日内瓦协议的内容，客货混跑 250 千米/小时的可以归入高铁，客运需要超过 350 千米/小时方才归属于高铁。我国的判断标准为，运营最初阶段的速度大于 200 千米/小时，开行时速大于等于 250 千米的客运专线可归入高铁的范畴。总之，高铁网络可以归纳为三种主要类型（Perl & Goetz，2015）：①独有走廊：列车只能运行在专用的高铁干线。②混合网络：列车既可以在专用干线上运行，也可以在升级后的传统铁路轨道上运行。③复杂网络：列车既可以在专用高铁干线上运行，也可以在混合网络中运行。

日本的高铁网络归于"独有走廊"类型（Shaw et al.，2014），因为日本的高铁列车仅能在新建设的专用铁道上运行，它带来了高铁站点开通城市的经济聚集以及就业率上升。在德国和法国的经验证实，混合高铁网络致力于区域一体化和资源在大城市与小城市之间的重新配置（Vickerman et al.，2012）。

中国高铁网络同时具备日本的独有走廊特征和欧洲的混合网络特征（Perl & Goetz，2015）。即在混合网络交通系统中以 250 千米/小时运行 D 车，在区域独有走廊的四纵四横线路中以 350 千米/小时运行 G 车（Chen，2012）。另外还有城际列车 C 车。

城市和城市之间通过交通线路互联沟通的程度定义为节点强度。城市和城市关联度强，人们以商务、休闲和其他目的旅行将更频繁，旅行距离更大（Derudder Witlox，2009）。在城市交通网络中，通过高铁流入或者流出客流量更大的城市为主要城市。拥有更多高铁客流的线路也是交通线路强度相对大的线路。在绝对集中的城市交通网络结构中，只有一个中心，即节点强度极大的城市；在绝对分散的城市交通网络结构中，所有城市都有着一样的节点强度（见图1-1）。城市交通网络结构分布在一个以绝对的集中为一个极值，绝对的分散为另外一个极值的区间内。

结构

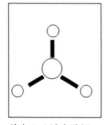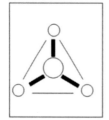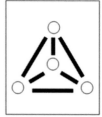

单中心（城市阶级高度区分）　　主要节点城市之间交流大于非主要节点城市形式的集中　　主要节点城市之间交流稍稍大于非主要节点城市形式的相对集中　　多中心（城市无阶级高度分散）

○　城市节点强度（圆圈越大越强）　　　━━　交通线路强度（横线越粗越强）

图1-1　节点与线路结构

资料来源：Yang 等（2018）。

高铁发展使我国交通基础设施显著优化，对于当代的城市交通网络架构构成了显著的影响，同时也影响了城市交通区位条件。我国的高铁城市由城市阶级高度区分的单中心方向，越来越向城市无阶级高度分散的多中心方向发展。在各个地级市中，一方面，高速铁路的开通可以吸引客流，促进区域和城市发展；另一方面，高铁的开通可以刺激房地产开发投资等相关投资，促进 GDP 增长。高铁站点开通的城市由于交通基础设施的改善和便利不仅促进了地区的人员流动，而且具备人才吸引力，可以潜在增加人口消费和投资规模。另外，高铁开通还促进了站点城市的人才匹配，增加人均收入。节点强度越大的城市，越具备消费和投资的优势，也就越能吸引人才，提高人才和工作机会的匹配度，增加人均收入，进而增加住房有效需求，促进房地产开发投资。这是一个循序累积的过程。

通过交通网络中的拓扑属性，定义城市和城市之间的空间和经济机能活动，交通基础网络设施获得了更多科研工作者的关注（Reggiana et al.，2007）。不少研究尝试通过挖掘交通运输时刻表数据来测量更大层面上或者更细节化的交输网络空间结构。例如，Burghouwt 等（2003）进行的航空网络和欧洲区域间交通网络结构的研究，Brueckner（2003）对美国交通网络结构的研究，Wang 等（2014）对中国的交通网络结构的研究，Hall 等（1980）对欧洲铁路运输模式在区域范畴内的研究。不少学者采用高铁运行时刻表，遵循由 Green（2007）发展的社会网络在多中心化城市体系里的分析框架。例如，罗震东（2010，2011）用高铁的班次流数据来衡量长三角地区的城市多中心化，冯长春等（2014）基于城际列车的频率（包括时速少于 200 千米/小时的城际列车的频率），用和罗震东同样的方法衡量珠三角地区的多中心程度，刘正兵等（2014、2016），在路面交通（包括城际列车和火车）和航空时刻表交通流数据的基础上，采用 Green 的方法衡量了中国每一个城市地区在功能上和形态上的多中心化。

借鉴这些研究，本书利用 Nathalie（2010）所用的列车时刻表供给方数据衡量方法，从 2007～2017 年中国高铁 G 车、D 车、C 车时刻表中的数据，通过分析两两高铁站点开通地级市的列车发车和到达班次信息，来推算城市高铁网络的结构和强度，挖掘高铁网络对于地级市房地产开发投资的影响。

（三）小结

中国的历史表明，铁路可以增强周边区域的交通区位优势，实现更加方便的人际交往以及商品的流通，火车站附近所形成的客货物集散地可以加速周边商贸产业的成长。铁路可以让区域间的联系更为密切，依靠影响长距离交通的整体成本，令人口聚集到城市环境中。高铁能够通过其线路中的班次频率及列车的运行速度缩短乘客城际出行时间，加强城市之间的连通性，改变城市交通区位条件（Banister & Givoni，2013）。高铁线路的布局综合了经济发展、人口、资源分布、国防、环境和地区社会稳定等一系列因素；高铁站点的选择权衡了经济民生、地理条件、国家战略等多种因素，对我国产业和人口分布有深刻影响。高铁在我国交通体系中的重要性日益凸显。

二、房地产发展——中国经济热点和民生产业发展

（一）房地产发展概况

房地产作为一种客观的物质形式，是指适用于房产和地产的一般术语，包括土地和土地上的建筑物以及因此而出现的权利，其中涵盖了住宅、商业、办公楼与工业仓储房地产等物业类型。

改革开放以后，随着我国城市化的进程不断推进，城市人口规模持续扩张，带动房地产业快速发展。1986~1991 年，中国开始尝试改革城市住房制度，那时房地产投资仅占固定资产投资的一小部分，不超过 6%。1998 年，亚洲金融危机爆发，中国政府把住宅建设作为经济发展新的推动力，大力推进城镇住房制度改革，以避免金融危机对我国的影响。1998 年以后，房地产业以住宅建设为主要发展对象，推动了我国国民经济快速增长和就业水平的提高，反过来，我国经济增长、城镇化进程的加快、收入水平的提高也推动了房地产业的进步。2004 年，我国房地产业在国民经济体系中已经占有重要的战略地位，与其他产业具有广泛的经济技术联系并能带动其他产业特别是生活资料消费品的增长，对国民经济起到很强的支撑作用。

近年来，房地产业对 GDP 的贡献率一直在 10% 左右上下浮动，GDP 增长中 1.5~2 个百分点是由房地产业所拉动（刘水，2014）。2000 年，我国房地产业投资额为 4984 亿元，而 2015 年则增加至 95979 亿元，是 2000 年的 19倍；房地产开发投资占全社会固定资产投资的比重从 2000 年的 15.1% 增加至 2011 年的 19.8%。党的十九大报告提出，构建多主体供给、多渠道保障的住房体系，将房地产业上升为重要的民生产业。2010~2017 年我国房地产开发企业投资完成额及同比增速如图 1-2 所示。

（二）房地产发展的区域差异显现

房地产和其他商品最大的区别在于其不可移动性，因而一个地区房地产

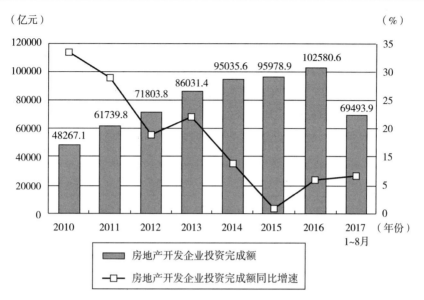

图 1-2　2010~2017 年我国房地产开发企业投资完成额及同比增速

资料来源：中经网统计数据库。

业的发展与该地区的产业结构、人口规模、自然资源、经济发展息息相关。我国已进入城市化中期，房地产发展的区域差异显现。作为一个发展极为迅速的产业，房地产业的区域差异尤其值得关注。房地产业发展水平的区域不平衡，不仅显现在价格、投资额上，而且反映在市场竞争状况、活跃程度上。

我国经济发展存在空间上的异质性，表现为发达地区集中在东部，相对落后的地区集中在西部地区。我国房地产业发展水平在东西部地区呈现东高西低的现象，东部沿海地区经济发达，相应的房地产需求高，房价上涨速度快，而西部地区则因为发展相对缓慢，地区的房价和房地产投资水平的整体表现相对于东部区域存在着较为落后的特征。

房地产市场发展区域不均衡，2007 年北京和上海的房地产企业完成当年地区固定资产投资的比例分别为 59% 和 43.5%，而同年重庆和天津房地产投资完成额占当年地区固定资产投资的比例为 30.6% 和 25%，但西藏和新疆地区的房地产投资完成额则分别占当年固定资产投资的比例为 4.3% 和 5%。在

2011 年全国房地产开发投资额 61796.89 亿元中，东部地区为 37108.98 亿元，占全国房地产开发投资比重的 60.05%；中部地区为 14919.73 亿元，占全国房地产开发投资比重的 24.14%；西部地区为 9768.17 亿元，占全国房地产开发投资比重的 15.81%。由此可见，我国东中西部地区房地产市场发展水平相去甚远（见图 1-3）。

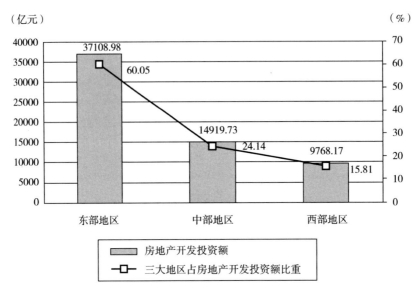

图 1-3　2011 年我国三个区域房地产开发投资额

资料来源：中经网统计数据库。

从房价水平上看，北京、上海的房价远远高于其他城市，而东部省份和沿海地区城市的房地产价格处于第二梯队，如浙江、江苏、福建、广东。中部内陆地区的部分省份房地产价格则位于第三梯队，如辽宁、四川、重庆、湖北、湖南、山东、安徽和陕西。西部地区如新疆、西藏、青海等则房价水平较第三梯队地区更低，我国 31 个省区市之间房地产均价存在明显差异，如北京的房地产均价是青海的 5 倍。以 2011 年为例，东部地区的住宅平均价格已经超过中西部地区的 2 倍之多，住宅平均价格同样以北京和上海位居前两名，分别为 15517.9 元/平方米和 13565.83/平方米，青海排名最末，为 3090.01 元/平方米。房地产的价格作为行业在各个区域成长不均衡的外在表现，国内的房地产价格各地区之间的变动差异较大，而且这种差异有不断扩大的趋势。

从房价收入比上看，即住房价格与城市居民家庭收入之比来分析，尽管参考国际惯例，房价与收入之间的比例为 3~6 倍属于合理区间，但据调查，全国大部分大中型城市房价收入比超过 6 倍，尤其是北京、上海等一线城市的比率都超过了 10 倍。从 2015 年的数据来看，全国大部分城市房价收入比都相对较高，不平衡性明显，其中北京和上海的房价收入比分别为 14.5 和 14.0，是人们购房压力最大、购房难度也最大的城市。内蒙古位居最后 1 名，房价收入比为 4.4。具体到城市中，我国三线和三线以下城市的收入比大多在 6 倍以下，绝大部分在 4 倍以内，属于房价不高的范畴。一线、二线城市则绝大部分超过 6 倍。这凸显了我国房地产市场的区域差异。

（三）小结

由于区域经济发展的不平衡，房地产存在地域特征上的差异性是不断扩大而且长期存在的，这也让区域间的房地产业互不独立。房地产的开发利用在空间上的异质性限制了土地的重新开发利用。区域经济发展的不平衡也让从社会条件、经济条件、市场供求行情和市场潜能等影响因素下分析房地产投资在空间上存在集聚现象很有必要，房地产宏观调控需要有因地制宜的区域政策。

第二节　研究回顾与评述

美国著名区域经济专家艾萨德曾经说过："经济生活的各种创造革新活动之中，运输工具对于加速经济活动以及转变工业格局等领域，有着最为普遍的影响力。"（Isard et al.，1968）交通运输是特殊的区位因素，长期以来和区域经济的空间架构存在着紧密的关联，同时其也属于区域经济成长与空间扩展的关键助力。交通运输和产业的理论基础主要集中在区位论，以及在区位论影响下的交通站点选址。

高铁不同于传统铁路和航空运输模式，它可以显著地降低一定旅行距离内的旅行时间。高铁比较具备竞争力的距离是在150~800千米范围，因为在150千米以下，高铁不具备和传统铁路相比的竞争力，在800千米以上，高铁不具备和航空的竞争性。旅客可以把节约的时间用于其他活动，或者旅行得更频繁、旅行得更远。传统的可达性被定义为由于相互作用的存在而产生的潜在机会。根据可达性的功能衡量可分成三种类型，即空间分离型、累积机会型和空间相互衡量型。第一种类型包括了拓扑距离的计算，找到两两节点之间最近的距离、时间或者成本，这种方法只衡量交通网络的联结性。其概念被表达为权重化了的平均旅行时间，计算一个节点到达与这个节点有关系的其他节点的旅行时间，用其他节点城市的GDP作为权重。第二种类型关注从节点城市出发，在给定时间段内可到达的邻近城市。从这些邻近城市综合衡量人口规模，经济活动范围，以获取对于该节点城市的机会。这种类型的可达性也叫作日常可达性，时间限制一般固定为3~4小时，以让一天内往返成为可能。第三种类型由潜在价值构成。这些指标强调节点城市的距离以及活动分布范围，同时加入对空间分散程度的指标以及经济活动范围和人口规模的衡量。这三种类型是最流行的可达性衡量指标，可以反映可达性的不同方面。当高铁的建设成为了国家很重要的一个部分时，高铁这种交通工具的影响将更为深远。中国近年来大范围的建设高铁，让在整个国家层面的大范围程度上探索高铁的影响成为了可能。

不少学者已经把可达性衡量用于研究不同国家和地区的高铁网络效应。Gutierrez（2001）将区位、经济潜力和每日的可达性用来分析马德里—巴塞罗那—法国边境的高铁网络可达性效应。可达性指标也被运用探索荷兰国内特定高铁服务的效果（Willigers & Wee，2011）。Sanchez-Mateos 等（2012）

分析了在英国新高铁线路直接或者间接影响下的"赢家"和"输家"地区。与此同时，Levinson（2010）讨论了在美国的高铁计划以及可达性影响。以上的这些研究证明了可达性指标是在铁路系统影响评估方面广为接受而且很有影响力的工具。

高速铁路极大地改变了城市、区域的可达性，其对产业、城市布局产生影响被中外学者所关注。

一、高铁对制造业的影响研究

高铁对制造业的影响分为两类：一是高铁建设带动关联产业发展，包括高铁机车设备、高铁轨道线路建设以及其他运营相关联的制造产业。高铁的建设可以促进一系列制造业提高经济效益，特别是可以提高沿线城镇的建筑材料产业的效益，这些产业提供了高铁开通建设以及维护期间所需要的水泥、钢铁等相关原材料。张楠楠和徐逸伦（2005）的研究就得出，高铁影响的产业重点为制造业，如水泥与钢铁等的结论。

二是高铁作为重要的交通基础设施，对制造业空间布局产生影响。第一，高铁促进产业转型、经济一体化和专业化。Chen 和 Hall（2012）依靠针对曼彻斯特与里尔的实例分析得出，高铁的建设可以加速原本的工业结构向着新的知识密集型的方向转变。Cheng 等（2015）综合高铁的建设活动，在分析中依靠对 1999~2008 年的欧洲实例数据进行分析，探讨了大都市的中心和周边区域的产业架构的变动，其实际的产业专业化参数有一定的降低、腹地与中心区域的相似性有一定的提升，进一步推定高铁的建设有助于加速区域经济一体化的发展。第二，促进制造业空间格局变化。张书明等（2003）研究发现，依靠加速相关生产要素的流通，高铁可以带动的整体产业运输成本显著降低，进一步控制整体的生产成本对于区位选择构成显著的影响。刘亚洲等（2013）对沪宁高铁沿线城市制造业竞争力的区域差异进行了分析，用改进的偏离—份额分析法讨论了沪宁沿线制造业部门的产业发展优势空间分异。卢福财和詹先志（2017）通过高铁对中部沿线城市工业集聚效应差异化的影响分析，利用双重差分模型和中介效应模型定量验证了高铁影响工业集聚的作用机理。李雪松和孙博文（2017）运用集聚决定模型探讨得出，尽管京广高铁增强了周边区域的制造业集聚水平，但中心城市的集聚影响有所弱化，非中心城市在不断加速中。

综上所述，高铁的开通及站点城市和沿线城市的制造业提升带动了一系列的经济效益得到提升，释放了更多资源，通过降低运输成本促进了信息、技术等要素的流动，有利于制造业的转型和升级。

二、高铁对第三产业的影响研究

高铁对于第三产业影响的研究主要集中在旅游业（汪德根等，2012；丁金学，2014）、现代物流业（嵇昊威和赵媛，2014）、生产性服务业（肖雁飞等，2013；覃成林和杨晴晴，2017）、文化娱乐产业（张文新等，2012；丁金学，2014）方面。高铁开通促进了人流、物流、资金流和信息流的流动，沿线和站点城市的可达性提升，带动了第三产业的发展。

Krugman（1980）的研究表明，通过降低物流运输的时间和人员流动的时间，改善后的交通基础设施允许本地区人员选择和购买更多异地专业化程度更多的服务产品，从而促进了服务业的发展。Kim（2018）对高铁与现代服务业的研究发现，通过改善地区的交通基础设施和可达性，服务业的要素流通加速了，现代服务业的发展得到了促进，就业人口随之增加。Froidh 和 Nelldal（2008）发现，高铁在旅游市场中具备比航空更强的竞争性，由于可以节约出行时间和更低廉的费用，高铁被低收入者、低预算者所青睐。

殷平（2012）重构了高铁与区域旅游空间的分析，对郑西高铁进行了实证，发现通过降低交通成本，要素流动加速，区域旅游业随之得到了发展。肖雁飞等（2013）研究了武汉高铁对生产性服务业的影响，认为高铁的开通促进了生产性服务业，随着高铁开通时间的延长，高铁对沿线及周边区域生产性服务业的贡献将更大。吴昌南和陈小兰（2014）对高速公路密度与服务业全要素生产率的关系进行研究，发现在我国东部地区两者存在正相关关系，而在我国中部和西部地区，两者存在负相关关系。高翔等（2015）利用经济普查数据和县域高速公路数据研究交通基础设施对于第三产业劳动生产率的影响，发现有高铁连接的地方第三产业的生产率更高。王晓玲等（2015）通过对资源枯竭型地级市的研究，发现交通基础设施对资源枯竭型城市的第三产业生产率有促进作用。覃成林和杨晴晴（2017）估计了高铁对集聚经济的影响，使用了 2003~2012 年全国 218 个地级市数据进行回归，认为高铁对生产性服务业集聚产生 3%~6% 的正向影响。李红昌等（2016）使用双重差分模型的固定效应估计了高铁对集聚经济的影响。郭璐筠（2016）实证研究了沪宁高铁对沿线旅游业集聚水平的影响，分析结果发现高铁开通后沿线城市的旅游业集聚水平变化显著。邓涛涛等（2017）在面板数据的回归模型中引入了交通可达性因素，分析高铁对京沪沿线枢纽型以及节点性城市的旅游业，发现旅游专业化程度低的城市受到高铁可达性变化的影响更加显著。

综上所述，高铁对于第三产业的影响研究主要集中在服务业和旅游业上，关注于交通基础设施更大的范围。高铁的开通压缩了时空，缩短了旅行时间，从而带动第三产业的发展。虽然关于高铁对第三产业集聚的影响也有研究，但针对高铁对房地产投资空间效应的影响的研究并不多。

三、高铁对城市的影响研究

高铁站点对于周边城市的影响效应评价，国内一直处在探索中。不同的学者对高速铁路和城市的发展有不同的看法。郑德高和杜宝东（2007）认为，高速铁路是周边城市转型的新动力。对日本和法国高速铁路建设的研究表明，日本的东京和大阪线路为大阪的商业活动发展做出了贡献，相关行业正在逐步扩大。TVG 的建设将传统的工业城市变成了一个以金融商业为特征的城市。杨维凤（2011）指出，高速铁路对沿线城市的影响反映在经济领域大面积变化，它显著提高了对生产要素的聚合效应，使经济增长显著高于其他地区，形成的经济带呈线性增长。史佳璐（2015）对北京和上海的高速铁路进行调查，结论是京沪铁路强化北京上海的运输中心地位，加强了东部经济带的影响力,使京津冀和长江经济带的影响力提高,同时对山东半岛城市群产生影响。

然而,从地级市区域经济范畴上看,站点在城市的选址同样也带来了问题。在大城市中,高铁站点的选址倾向于在新的 CBD 地区,促进了城市向多中心化转变,自然而然地为城市中的新 CBD 地区带来发展的吸引力。例如,上海虹桥站的设置很好地融合了京沪线与上海市内交通节点。而在其他中小型城市里,以高铁站点为核心的新城区建设则被广泛应用。高铁站所在地区被规划成了抵达城市的"门户型"区域,更容易吸引相关配套设施的建设,缓解老城区的拥挤状态,由旧城区向新城区转变城市的空间配置。但仍然有不少高铁站点选在城郊农耕区域,这些区域和主城区的联结不便捷。例如,海宁是高铁沿线的一个小城市,高铁站点的选址与该城镇并不具备便捷性。因此,基于高铁站点的选址,一方面,新的高铁站点选择设置在新城区,有利于缓解老城区的拥堵现状,吸引相关配套更好地建设发展新城区;另一方面,新城区高铁站与主城区交通的不便则阻碍了由高铁开通带来的便利性,设置了站点居民出行的障碍。

荷兰企业办公区位选址的调查研究很有代表性,Willigers 和 Wee(2011)利用混合 Logit 模型分析各种类型的企业在办公地点的选择上受高铁的影响程度,研究表明企业办公场所的布局会重点考虑高铁站的存在以及高铁服务水平(主要指每小时高铁班次),所存在车站的高铁服务水平越高越会对办公区位产生有利影响。同时,高铁站与区位之间的影响有着互动关系,虽然在企业办公地点迁徙时追求较好的可达性并非企业主要目的,但是在区位选择时会考虑可达性条件。有研究认为,基于知识的经济服务业会随着高铁的发展而获得更快进步,主要是由于高铁的发展,使区域之间交通便利程度提高,成本降低,推动服务业实现集聚经济。英国的很多研究显示,在服务业,特别是金融业中集聚经济更为明显。

四、高铁对房地产的影响研究

（一）国外轨道交通联结对房地产业的影响研究

早期关于交通运输和房价的相关关系调查研究起源于阿朗索 1964 年的单中心模型理论。该理论认为，居民的活动范围取决于交通成本，以及主要居住区域离中心商务区距离两个因素之间的权衡取舍。这个理论被缪斯扩展，他认为居住条件是限制不同家庭消费活动的重要因素。后来，这个认识被罗森在 1974 年的价格特征模型扩展了，其价格特征模型通过分解影响住房条件的各种因素，解释分析了影响房价的不同部分。在这个分析框架下，交通的便捷性因子被分类成为具备区域特征属性，同时，交通设施的边际价格也能够被特征价格回归模型所估计（Franklin & Waddel，2003）。通过他的诠释，交通基础设施对于房价的影响被频繁地预测衡量（So et al.，1997；Bae et al.，2003；Yiu & Wong，2005）（Ferguson et al.，1988），研究者尝试找到温哥华城市交通和居民房价的关系，发现甚至早于交通系统运营之初，城市交通系统就对房地产市场有影响了。但即使轨道基础设施对房价的影响早年有研究，但是这些研究的发现却并不一致。有的发现轨道交通的改善对房价有正相关效应（Bajic，1983；Debrezion et al.，2007；Duncan，2011），也有发现影响效应甚微的（Bollingeret & Ihlanfedldt，1997；Andersson et al.，2010）。有的甚至是负面影响，例如，Rodriguez 等（2006）研究发现公共轨道交通在美国麻省地区所带来的交通便捷性，就被该系统的运营所带来的噪声和犯罪率飙涨等负面因素影响，甚至带来了对于房产价格的负影响。Rodcne 和 Strand（2001）承认，类似轨道交通由于环境恶化所带来的对房价负面影响，也同样发生于挪威奥斯陆地区。然而，尽管在高铁临近区域有着上述负面因素，Debrezion 等（2007）采取特征价格模型却发现高铁站附近的房地产要比距离高铁站 15 千米以外的房地产价格贵 25%。Andersson 等（2010）采取了一个 Box-Cox 特征价格模型评价高铁的可达性对于我国台湾南部房产价格的影响，发现高铁对于房价的影响微乎其微。他们因此怀疑是不是由于高铁的高价格票价影响了房产的进一步升值，根深蒂固的居住习惯阻碍了高铁这样的便捷交通系统有效发挥改变人们习惯的作用。上述研究中普遍存在的问题是，忽略了房地产市场的空间关联性，相关的理论研究和发现也很容易被削弱了。

在北美地区，James 等（2002）发现，在波特兰市距离车站 500 米范围内的住房价格要比其他地区高 10.6%。同样以波特兰地区为研究对象，Brod 等（1995）发现，距站点 0.76 千米到 1.6 千米的房屋平均价格随到站点的距离缩短而上涨，每减少 0.03 千米就上涨 75 美元。Al-Mosaind（1998）发现，铁路运输路线在开放两年后使周边半千米内的房价上涨 10.6%。根据 Voith 在费城的调查，铁路使沿线的房屋价格约增加 8%。Cervero Dunea（2002）研究了洛杉矶的两条铁路对周围房屋的影响，得出的结论是在该路线 0.4~0.8 千米，独立式住宅和公寓的价值增加 1%~3.5%，而酒店式住宅价值却减少了 6%。除此之外，Gannot 等（2001）对达拉斯轻轨的研究，都发现交通设施改善尤其是铁路交通的修建使沿线住房价值明显提高。

在亚洲地区，Han（1991）整理了 1978~1991 年中，轨道交通附近的地产变化信息，发现周边房地产价格快速上升。Kim（2000）在 0.2 千米、0.2~0.5 千米、0.5~1 千米环线范围研究轨道交通对土地价格的影响，发现距离交通站点最近的土地，价格上涨了 9~10 倍，中间范围价格上涨了 11~12 倍，最近范围上涨了 9~28 倍。

综上所述，国外学者大多对交通附近的区域进行同心圆环状划分，研究距离交通站点的房地产和土地价值，且大部分的研究都关注交通规划时期的情况，很少有对交通规划、运营之后进行连续时间段的持续研究。

（二）国内轨道交通联结对房地产业的影响研究

我国关于轨道交通联结对房地产业的影响研究起步较晚，研究的积极性结论与国外学者基本相近。轨道交通污染性小、能源消耗洁净、地下专线通达性等的特征，越来越成为日益关注的问题。

何宁和顾保南（1998）分析了上海地铁 1 号线在运输成本方面对周围房

价的影响。叶霞飞和蔡蔚（2002）收集了1991~2002年距上海地铁约2千米的多层建筑样本的平均数据，使用增值交通成本模型进行分析，得出城市铁路的运动增值在地铁正式通行前就已存在。王霞等（2004）整理住宅区的均价与2001~2004年北京13号线4千米内转让土地价格数据，研究分析地铁13号线对土地价格影响较弱，对房价的影响程度和与城区的距离有关。郑捷奋和刘洪玉（2004）通过分析1997~2003年深圳地铁站周边房屋的数据，认为每靠近车站100米房价上涨了2.13%，与车站距离缩短500米时房价上涨了11.11%。何剑华和郑思齐（2004）研究地铁对沿线房价的影响，发现地铁13号线对周边房屋建设产生积极影响。陈有孝等（2005）利用地铁站2千米范围内的多层住宅数据研究交通与住宅价格的关系，运用资产价值法来分析轨道周边区域的开发活动。侯玉亭（2007）分析地铁站的影响半径，发现郊区住房价格涨幅大于市中心住宅价格的涨幅。谷一桢和郭睿（2008）提出分市场效应，在商业和办公的房地产市场，中心地区带来更多的附加值；住宅房地产市场则在郊区增加价值。顾杰和贾玉华（2008）指出道路交通改善对繁荣的城市地区的影响可以忽略不计，但对郊区的影响明显，且大幅提高郊区的房价。潘海啸和钟宝华（2008）认为，从市中心向外延伸，房价受轨道交通的影响越来越大。谷一桢和郑思齐（2010）同样发现北京地铁交通改善对郊区住房价格的影响大于市中心地区，城市轨道交通站点在郊区，周边范围1千米的住宅价格比1千米之外高出近20%。

综上所述，国内外现有研究都缺乏高铁对房地产业在城市之间的空间效应的系统研究，现有研究的重点仍然是轨道交通（主要是地铁）对城市内部房地产价值的影响。

五、研究评述

新经济地理基础假设是运输"冰山"的成本，认为随着区域之间距离的缩短会带来运输费用的降低，可以对区域之间的交易成本实现弥补。在该地区的直接节省的运输成本大于交易费用时，随着开放程度的扩大，企业经营的分散力快速减弱，且分散力的减弱速度大于聚集力的增强速度。一旦突破临界点，分散力低于聚集力时，行业会受到特定地区循环累积因果关系的影响，使区域市场效应被放大，产业布局会在一个区域内实现大规模聚集。由于市场力倾向于增加区域间的不平衡，还会放大区域的本地市场效应，推动产业集聚。

中国高铁快速发展，极大地改善了我国交通基础设施状况，显著降低了人员运输的时间成本和交易成本，对产业和城市空间布局的影响是显而易见的。但是，现有科学研究主要关注高铁发展等交通基础设施改善对制造业、直接服务于制造业的生产性服务业和以人流为对象的旅游业空间布局的影响，很少涉及高铁建设对房地产业空间布局的影响。

现有关于交通对房地产影响的研究主要关注城市轨道交通（即地铁）对沿线和城市内部联结区域的土地价值、房地产价格产生的影响。很少有文献研究城市之间的交通联结对区域房地产业空间布局的影响。

房地产业作为中国重要的支柱产业和民生产业，随着我国城市化步入中后期，正经历从全面开花向重点区域及城市发展的转型，国家对房地产业宏观调控也正在由全国"一刀切"政策走向区域差别化调控。究竟哪些区域和城市应该重点发展？哪些区域和城市应该适当放缓发展？以实现房地产供需的区域平衡，是当前我国房地产宏观调控亟须解决的现实问题。现有研究表明，房地产价值变化同轨道交通联系紧密，从而影响房地产投资的空间决策行为。探索中国高铁发展对房地产投资空间效应影响，协调各区域及城市投资主体与受益主体利益，实现党的十九大报告对房地产发展目标，保持房地产业持续稳定发展，是本书研究的出发点。因此，本书研究的核心科学问题是，我国高铁发展如何影响房地产业空间格局变化？我们想探索的问题是，高铁发展对房地产业空间效应影响的内在机制是什么？高铁发展促进了高铁开通城市房地产业的集聚还是扩散？高铁带来的通达性提升优势和要素流动是否引致房地产业的空间溢出？现有文献尚未对这些问题进行系统研究，因此本书研究也有重要的学术理论价值。

第三节　研究目标、意义和研究内容

一、研究目标

本书以新经济地理（空间经济学）、区域经济学和房地产经济学理论为指导，针对高铁快速发展显著改善我国交通基础设施条件，研究探索高铁发展如何影响我国房地产业空间格局变化及其内在机制，为制定调整我国房地产宏观调控区域政策提供科学依据。具体目标有三点：

第一，研究高铁对房地产投资空间效应影响的作用机理。探讨高铁对房地产业空间效应的影响内在机制，以分析高铁促进了城市房地产业的集聚还是扩散，是否高铁带来的通达性提升优势能引起要素流动而引致房地产业的空间溢出，是否轨道交通建设带来交通可达性的提升能够带动房地产的投资。

第二，实证验证高铁对房地产投资空间效应影响。控制其他影响因素后，进行 2007~2017 年高铁对房地产开发投资的影响分析。对高铁站点开通城市的本地市场特征进行赋值，选取城市规模和制造业规模为本地市场特征控制变量；对高铁影响力指标进行计算，选取城市潜力和节点强度为自变量。因变量选取房地产开发投资完成额和房地产从业人数，进行面板数据和空间面板回归计量分析。

第三，研究房地产宏观调控区域政策调整的思路。首先，用好高铁发展对房地产投资空间格局变化的机遇，才能将房地产宏观调控与落后区域发展结合，充分发挥高铁等交通基础设施建设对跨区域社会经济发展的促进作用。其次，如何制定房地产宏观调控的政策措施，以确保城市房地产的总供给与总需求平衡。再次，引导制造业、第三产业等实体产业向高铁沿线中小城市集聚和匹配发展。最后，调整扩大国家住房租赁市场发展战略重点。

二、选题意义

区域经济学和空间经济学都将交通联结和交通基础设施改善，作为产业和城市空间格局变化的重要变量，已有较多研究关注。但高铁作为新型快速交通工具对房地产投资空间格局及其效应研究却较为缺乏。房地产业是我国国民经济的重要部门，是支撑新型城市化的重要支撑产业，但房地产市场地区差异显著，中央要求因城施策，实施区域差异化的房地产市场管理政策，需要理性引导房地产投资。

（一）理论价值

新经济地理学和区域经济学理论都认为，区域之间交通基础设施改善将降低区域之间的运输费用和时间成本，进而降低交易成本，改变产业、人口和城市分布空间格局。中国高铁快速发展极大地改善了我国交通基础设施状况，显著降低了人员运输的时间成本和交易成本，对产业和城市空间布局的影响是显而易见的。但是，现有科学研究主要关注高铁发展等交通基础设施改善对制造业、直接服务于制造业的生产性服务业和以人流为对象的旅游业空间布局的影响，很少涉及高铁建设对房地产业空间布局的影响。因此，本书是对现有学术研究的重要补充。

与以往城市高铁效应的经验研究不同。本书通过高铁班次表挖掘高铁班次频率，测算高铁网络节点强度和市场潜力作为高铁影响的核心解释变量，特别是在使用空间计量模型时，以11年高铁运输距离的加权平均值建立空间权重矩阵分析变量间的空间相关关系，在以往经验研究中很少或尚未涉及，以此为基础构建、系列的计量经济学模型，使我们深化了对高铁效应的认识和理解。在方法论上有所创新，对类似研究有一定的学术贡献。

（二）实践意义

党的十八大以来，我国新型城镇化进程速度加快，在这个过程中，房地产业作为重要的物质基础促进了城镇化的进程以及国民经济的发展，房地产业对GDP的贡献率一直在10%左右上下浮动，房地产开发投资占全社会固定资产投资的比重约为 20%。房地产业已经是我国国民经济重要的支柱产业和民生产业。

但是，随着我国城市化步入中后期，房地产业从全面开花向重点区域及城市发展转型。数据表明，房地产业投资在我国固定资产投资中占有较大的比重，部分城市房价快速的上涨成为众多投资者炒作的对象。我国经济发展的不均衡与投资的不均衡有很大关联，房地产业的协调健康发展对我国国民经济的稳定发展具有重要影响。我国区域经济发展不平衡也反映在房地产上，从房地产业存在的异质性表现出来。房地产业的异质性是由交通特征、区域之间的互不独立性、空间异质性等因素决定，这样的异质性在我国存在扩大而且长期存在的趋势。

因此，必须适时调整国家对房地产业宏观调控政策，突出区域差别化调控，一城一策。究竟哪些区域和城市应该重点发展？哪些区域和城市应该适当放缓发展？以实现房地产供需的区域平衡，是当前我国房地产宏观调控亟须解决的现实问题。

本书分析我国房地产业投资在不同建设有高铁站点的地级市分布现状，探索中国高铁发展对房地产投资空间效应的影响以及我国房地产业发展过程中呈现的变化趋势，分析影响房地产业投资集聚的高铁因素以及开通高铁站点的地级市房地产投资的效率，协调各区域及城市投资主体与受益主体利益，实现党的十九大报告对房地产发展目标，保持房地产业持续稳定发展，对合理分配投资、提高地区发展效率很重要。

本书主要从理论研究入手，深入系统研究我国高铁发展如何影响房地产业空间格局变化及其内在机制，提出房地产宏观调控区域政策思路，可以为国家制定调整房地产宏观调控区域政策提供科学依据。对如何解决我国不断扩大而且长期存在的区域经济发展不平衡，如何缩小我国不同地区之间的房地产开发投资差异性具有重要的实践意义。

三、研究内容和技术路线

(一) 研究内容

本书运用区域经济学相关理论、空间经济学相关理论和房地产经济学，研究我国高铁发展对房地产投资空间效应影响，看高铁发展与房地产开发投资是否具备相互关联，如何理解和分析这些相互关联。详细来说，主要构成为下述几个方面：

第一章绪论。重点探讨研究的理论与实际背景，说明我国高铁发展的概况和高铁网络现状，介绍了作为我国经济发展热点和民生产业的房地产业发展状况和现状；通过高铁对产业空间格局影响的文献梳理和评述，说明了选题意义：区域经济学和空间经济学都将交通联结和交通基础设施改善，作为产业和城市空间格局变化的重要变量，但高铁作为新型快速交通工具对房地产投资空间格局及效应研究，较为缺乏；引出研究目标，提出研究内容与研究方案。

第二章相关概念界定和理论梳理。首先从概念上解释了空间效应和距离衰减法则，其次进行了相关理论梳理，其中包括区域经济学相关理论梳理，空间经济学相关理论梳理和房地产经济学中的三部门模型理论梳理。通过理论梳理表明，产业和城市空间分布非均质，交通联结通过降低运输费用或时间成本改变产业和城市区位选择指向和空间布局。同时，交通基础设施改善促进人员、货物和知识等信息流动，对产业的市场潜力空间格局具有显著影响，进而影响产业布局的空间位置，出现集聚或溢出的空间位移变化。房地产作为与产业和人员紧密关联的第三产业，空间布局受到交通基础设施布局和改善的影响，高铁作为近年来新兴的交通工具，也影响房地产业和房地产投资的空间布局和空间位移变化。

第三章高铁对房地产投资空间效应：影响机理。在进行了相关的理论假设后，参考运输对产业空间格局影响的相关理论探讨高铁发展对房地产开发投资空间格局变化的影响，推导具体影响模型。

第四章"高铁流"视角下的中国城市网络层级结构演变研究。节选了2007~2014年高铁列车频次全样本数据,通过构建高铁节点优势度指数、高铁线路强度指数、熵指数等定量分析模型,试图探讨基于高铁列车频次的中国城市网络结构及其变化。结果表明:随着高铁网络的空间扩展,城市之间的连通性不断加强,城市网络层级结构逐渐均质化演变;基于高铁网络的中国城市体系结构趋向于多中心化;长三角地区的高铁网络相较于其他地区更加完善。本章还分析了由于中国短时间内大规模的高铁建设对城市可达性和连通性产生了巨大影响,且随着"流空间"理论的兴起,高铁建设对城市网络的影响引起了关注。

第五章中国高铁对房地产投资空间效应影响的观测与现实特征。首先分析我国高铁开通前后全国省域房地产开发投资空间分布特征,和站点地级市房地产指标的变动特征,分别用节点熵指数从城市的交通网络空间结构上,区位熵指数从房地产业从业人员数量分布上测算说明高铁影响下站点城市交通网络结构和房地产业的空间格局变化。接着建立高铁城市节点强度、市场潜力、城市规模、制造业规模与房地产开发投资之间的单因素计量模型,以辅助支撑上一章节理论部分的分析。

第六章中国高铁对房地产开发投资影响的面板模型研究。在前文理论推导和实际观测分析的基础上作出模型假设,推导构建面板数据计量模型,采用混合回归、聚类标准误回归、固定效应、双向固定效应、随机效应和异方差修正回归共六种模型分别估计并筛选模型效果,变换自变量指标对实证结果的稳健性进行检验,以模型结果对比验证第三章的部分机理和第四章的观测与统计分析结果。

第七章中国高铁对房地产开发投资影响的空间面板模型实证。梳理高铁对房地产投资空间效应的理论,使用 Moran's I 指数进行空间数据的整体统计性描述来分析中国截至 2017 年高铁站点开通地级市是否具有空间相关关系。建立房地产投资集聚机制的空间权重矩阵,作出模型假设,构建 SARAR 空间计量模型,动态空间自回归模型和空间杜宾模型,进行高铁城市空间相关关系分析。根据区域空间形态演化的规律，进一步推导高铁对于房地产开发投资的影响和作用机制。

第八章中国高铁建设促进了房地产投资空间集聚吗。运用地级市数据和全国高速列车班次数据，采用空间计量方法对 2007~2017 年 210 个开通高铁地级市进行实证检验，探索高铁建设对房地产投资空间格局的影响。结论显示：2007~2017 年高铁的建设会带来站点城市房地产开发企业投资的空间集聚。站点城市的住宅（商服）用地占比、人口规模、制造业规模、人均国内生产总值和对外开放程度均对房地产开发企业投资具有显著影响；人口规模、制造业规模和对外开放程度对城市房地产开发企业投资的影响大于高铁建设，而住宅（商服）用地占比和人均国内生产总值对房地产开发企业投资的影响小于高铁建设。高铁的建设能够扩展房地产开发企业投资的空间集聚效应，而城市土地利用结构如住宅（商服）用地占比和对外开放程度一定程度上促进了房地产开发企业投资的空间溢出效应。房地产业与制造业等的重要区别是位置固定和产品不可移动，且随着我国交通基础设施条件改善，高速铁路建设突飞猛进，促进了制造业、生产性服务业的空间集聚。本章回答了高铁建设是否会促使房地产业空间集聚的问题。

第九章研究结论与政策启示。将第八章的研究结论进行总结，在前文结论的基础上，提炼研究所具备的学术与应用价值。同时对分析的缺陷与后续的发展方向提出建议。

（二）技术路线

本书采用"问题提出—文献评述—理论分析—实证分析—政策建议"为研究技术路线，如图 1-4 所示。本书采用的具体模型构建如图 1-5 所示。

四、研究方法

（一）文献研究法

文献研究法是一种特指以研究问题为导向，检索、阅读、整理以及对文献中理论观点进行有原则取舍的研究方法。需要经过文献收集、分类、分析、

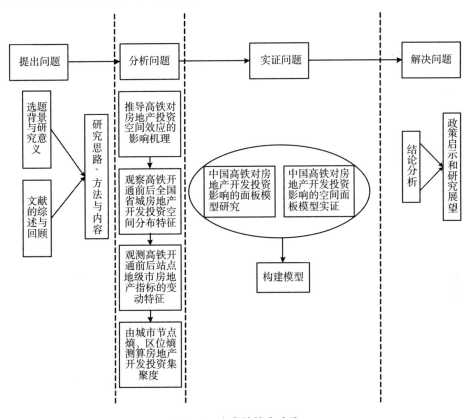

图 1-4　本书的技术路线

归纳与总结评价等多个环节，所以本书首先依靠云南财经大学图书馆数据库平台〔包括 WIND/CSMAR 系列研究数据库、国家知识产权局中国专利公布公告（高级查询：http：//epub. sipo. gov. cn/gjcx. jsp）、境外投资企业机构目录、中国学术期刊网络出版总库、中国年鉴网络出版总库等〕与重要的搜索引擎完成基本的文献整理工作。其次参考国内外文献的基本分类开展简易的整理，随后参考实际的研究对象、视角、内容与方法的分类进行配套的研究与分析。最后参考理论分析脉络传承与实践分析的热点整理公司产能过剩与国际化发展的基本趋势，明确现有问题、不足与缺陷等多方面客观影响的基础上，指出计划解决的各项问题，分析的对象、内容与理论贡献。

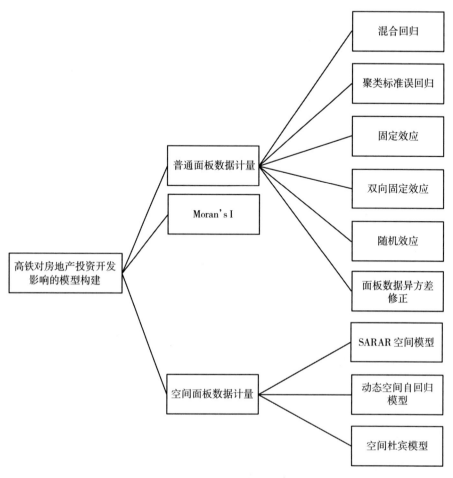

图1-5 本书的模型构建

(二) 定性与定量研究法

定性与实例分析互相配合,协同加速理论分析的进一步深化和成长。定性分析从区位强化效应、市场结构效应和要素整合效应推导房地产开发投资的空间溢出机制,得出高铁提高了区域的可达性,可达性促进了要素流动,要素流动引致房地产的集聚与扩散内在机理。运用运输基础设施对产业空间格局变化的模型进行分析,探讨高铁发展对房地产投资空间格局变化的影响。

首先介绍了高铁和房地产的相关概念，回顾了发展历史。然后基于文献，对高铁和产业空间格局、区域经济之间的关系进行归纳和梳理。接着总结高铁开通前后全国省域房地产开发投资空间分布特征，高铁开通前后站点地级市房地产指标的变动特征。介绍研究所选取的主要指标，这些指标的构成、依据的理论，分析主要指标与房地产开发投资的相关关系。

定量分析基于 2007~2017 年全国高铁开通地级以上城市数据，首先，进行高铁影响下中国房地产开发投资集聚程度的测算，其中分别测算期间高铁站点开通地级市节点熵、中国高铁城市房地产从业人员区位熵，以揭示不同年份中国高铁站点开通地级市房地产开发投资的集聚程度、我国高铁站点开通地级市房地产的空间分布特征。其次，测算不同年份全国高铁开通地级市节点强度指数的变化、城市市场潜力的变化、城市人口规模和制造业规模的大小。最后，用面板数据计量模型和空间计量模型找到高铁开通站点地级市节点强度、城市潜力、城市人口规模和制造业规模对于高铁站点开通地级市中房地产的开发投资的解释度，以及是否显著。采用空间权重矩阵加权的方法反映我国城市经济空间集聚的现状、趋势、特征等基本情况，做出我国房地产投资空间溢出是否和高铁联结具备相关关系的基本判断，寻找房地产投资空间溢出的证据。其中涉及 ARCGIS、SPSS18.0、Eviews9.0 和 Stata11.0 等相关软件的应用。

研究的数据以截至 2017 年开通高铁站点的 210 个地级市作为样本，房地产开发投资完成额、城市人口规模和制造业规模主要来自历年《中国城市统计年鉴》以及中经网的相关数据，高铁数据主要来自程序"极品时刻表"和"盛名时刻表"的离线程序包，从中选取 G 车、D 车和 C 车的两两地级市之间双向列车班次频率，两两地级市之间的铁路运输距离作为基础，计算地级市节点强度和城市潜力。

（三）GIS 空间分析法

现代经济地理学的核心是空间的概念，在论证我国高铁站点地级市房地产开发投资的空间格局时，文字的片面、数据的抽象都不能直观地反映我国房地产开发投资的空间变化状况，而适当地运用空间分析技术能在地图上以直观清晰的方式展示所需要分析的具体问题。

五、研究可能的创新与需进一步提升之处

（一）可能的创新之处

第一，以新经济地理学、区域经济学和房地产经济学理论为指导，从理论和实证两方面系统研究高铁发展如何影响我国房地产业空间格局变化及其内在机制，并提出制定调整我国房地产宏观调控区域政策思路。目前，该方面研究较少，本书从理论框架搭建和实证方法选择上通过创新探索提出了高铁影响房地产投资空间效应的理论机理和一系列实证模型，获得了较为系统的研究结论，弥补了现有研究的不足，在高铁影响房地产投资空间效应理论和政策思路上有创新。

第二，通过高铁班次表挖掘高铁班次频率，测算高铁网络节点强度和市场潜力作为高铁影响的核心解释变量，以此为基础构建系列的计量经济学模型，深化了对高铁效应的认识和理解，在方法论上有所创新。

（二）进一步提升之处

对于我国不同地理位置的地级市，不同城市分级的地级市，在现有研究的基础上分类归纳，细化分析其空间效应。我国地大物博，存在着东西差异和城市集群导致的非均质性。在本书论证并验证高铁开通对其站点开通地级市房地产开发投资存在空间溢出效应的基础上，具体分东中西部地区，一、二线以及三线和三线以下城市，不同城市集群，以分析不同地级市中高铁开通的影响力如何，对比归纳地级市和地级市间差异成为进一步的研究目标和提升点。

第二章　相关概念界定和理论梳理

第一节　概念定义

一、空间效应

所谓地理空间效应，即因为地表结构存在的区别与空间格局的变化等引发的地理系统内部的物质、能量以及信息再分配等特殊的变化。在经济学学科中，空间效应是空间经济学的核心概念之一，其中涵盖了空间异质性、集聚、转移以及溢出等多个要素。已有研究表明，中国制造业发展过程中存在显著的空间效应：其一，空间异质性。制造业各个区域的发展存在着失衡的现象，在产出、资本与生产水平等方面都有显著的差距。其二，空间集聚。区域架构的相似产生了一定的集聚效应，也就是发达区域附近的制造产业相对较为完善，欠发达区域的整体发展相对偏差。其三，空间溢出效应。较为多见的现象，即资本与技术溢出，而且人力与材料投入等也有概率出现。作为第三产业的房地产业，其空间效应是什么？根据我们的研究，我国房地产业的空间效应主要表现在以下方面：首先，存在空间异质性，即各省域房地产业发展不平衡，具有明显的地区差异性。其次，存在空间集聚现象，即房地产业投资多的地方，周边投资也很多，欠发达地区周围的房地产投资比较缺乏。最后，存在空间溢出效应。房地产行业最常见的溢出效应是资本溢出。作为交通基础设施的高铁快速发展，对房地产业会产生什么样的空间效应？这是本书研究的核心问题。

二、距离衰减法则的运用

根据地理学第一定律，一切都与其他事物有关，但与更接近的关联度大于更远的事物。如果地理现象之间是相互影响的，那么实际的作用量会伴随距离的提升有所减少，即所谓的距离衰减法则。

距离衰减法则说明，如果各类经济现象之间存在相互作用且这种相互作用强度会伴随距离的提升而有所降低。在地理空间上社会和经济相互作用模式的解释和预测一直是区域经济学家感兴趣的中心议题之一。自20世纪40年代后期起，地理学家和经济学家积极传播理论的同时，大量进行经验方面的研究。在这些研究中，应用牛顿物理学思想来分析社会经济中的空间相互作用所作出的假设，就是引力假设。早在19世纪，牛顿万有引力定律就被用于研究两个物体之间的吸引力，该力与它们各自的质量 m_i 和 m_j 成正比，与两者之间的距离 d_{ij} 的平方成反比，即

$$F_{ij} = km_i m_j / d_{ij}^2 \qquad (2-1)$$

式（2-1）被用于人类和经济相互作用时，一般要做一些修正。万有引力作为质量的增函数和距离的减函数被提出来。人们更精确地使用两类模型。一方面，引力模型可以有效预判两个单元作用力的绝对参数，该参数和两点的质量（或大小）的确定函数产生了正相关的变动，和距离的某一确定函数则构成了对应的反向变化。另一方面，对其中的引力模型开展加总的处理即可获得对应的潜力模型。该模型的基本目的为测度空间既定点的质量集合，对于单位质量所构成的具体影响，其中 i 点的整体潜力通过 v_i 进行表述，即

$$v_i = k \sum m_i / d_{ij} \qquad (2-2)$$

引力模型作为分析以及预测空间流的基础理论，而潜力模型则主要不是解决相互作用量自身，而是不同群体间的相互作用的机遇或概率。此类机遇

主要因为其所具有的规模与所处的区位产生的。

引力模型在现代经济研究中占据了越来越重要的地位。这个模型在很多研究的实证分析方面得到了成功的印证，被用于预测城市之间、区域之间甚至国家之间的人员、信息、商品的流动。根据牛顿定律，该模型有两个基本要素，一是人口密集城市规模的影响，如人多的城市产生和吸引更多的行为；二是距离的影响，如要素间的距离越远相互作用就越小。在高铁对于区域经济的影响中，从站点开通地级市向四周出发，随着运输距离的增加，两个地区之间的人员通勤范围、旅行客流、货物运输等通常随着距离的增加而减少。部分线路随着距离的增加衰减得较快，而有些衰减得较慢。

距离衰减函数的一般形式中包括了指数模型，函数形式为：

$$T_{ij} = ae^{-bd_{ij}} \qquad\qquad (2-3)$$

其中，T_{ij} 为地点 i 与 j 之间的相互作用，d_{ij} 为 i 与 j 之间的距离。本书所采用的市场潜力指标符合距离衰减函数指数模型的形式。"距离"是一个综合性的概念，由于高铁网络的特殊性以及复杂性，随着交通运输技术的发展，单纯地采用地理距离来衡量就越来越显示出其局限性。由于高铁网络的建设让两两站点之间没有开通高铁线路的已逐步开通，已经开通了高铁线路的已改造提速。单纯使用距离衰减函数指数模型中的地理距离已不能测量高铁站点间的距离衰减，距离衰减函数指数模型需要综合高铁线路建设的进程和运输距离。

本书采用的市场潜力和节点强度两个分析指标，本质上都是从引力模型（重力模型）和潜力模型引申来的。本书根据市场潜力和节点强度，对最适合的房地产开发投资区位决策进行估计。这些经济变量的互动不仅体现城市经济中心对周边的辐射程度，还体现周边区域对中心辐射的接受程度。通过高铁这种交通方式来研究区域空间相互作用的影响，不仅能够丰富经济地理学和区域经济学对地域空间结构的研究，还可以为产业究竟如何受到交通方式的改变提供理论参考。

三、市场潜力

市场潜力是经济地理学家用来衡量特定地理区域内生产市场距离和准入的概念。多年来，地理学家普遍使用市场潜力法刻画不同地区接近的优势、预测实际选址的趋势。市场潜力函数（Market Potential Function）通过相关区域 s 的购买力的加权平均数进一步判断某位置 r 的市场潜力，权数作为距离对应的减函数。对于简单同时普遍运用的市场潜力函数而言，实际的购买力和距离之间表现为特殊的反向变化，因此对应的 r 市场潜力为：

$$M_r = \sum \frac{1}{D_{rs}} P_s \qquad (2-4)$$

式中，D_{rs} 是 r 到 s 的距离，P_s 是 s 的购买力。

早在 20 世纪 50 年代哈里斯（1954）就用市场潜力衡量美国制造产业的区位问题。哈里斯的分析得出，美国工业化较为发达区域有着较为庞大的市场潜能，多数的人口以及生产活动都会聚集到制造业带，有着更为接近市场的特征，因此生产集聚是自我强化的。

以后，市场潜力函数被藤田昌久和保罗·克鲁格曼改造，用于城市体系的空间模型分析。他们认为，在一个单中心体系中，伴随城市的距离提升，该函数存在一定的降低，但后续再度演变为增加，代表着前、后向关联所存在的特殊抗衡。和城市相对更近的区域存在着较强的吸引力；而较远的区域因为距离的影响，可以减少厂商间的竞争烈度，该影响的存在使部分厂商会避开中心城市。正是市场潜力函数空间变化，导致一部分厂商在远离中心城市的某个区位点集聚，最终可能产生新的城市。

高铁发展降低了市场潜能函数中的距离摩擦，改变了市场潜力函数的空间变化，不仅对制造业空间格局产生影响，而且对作为第三产业的房地产业空间格局也会产生深刻影响。由于房地产的现价反映的是未来城市租金动态的期望，拥有越大规模的城市，房价也就越高；越是在经济发展相对好的城市聚集区域，城市的吸引投资的能力越强，在这些市场潜力相对好的城市，房地产价格就越能够拥有上涨的空间。房地产行业包括制造业和服务业的特征，即包括发展过程中的运输成本和服务业的交易成本，本书选择市场潜能作为影响房地产投资的因素。高速铁路的引入将增强市场潜力及其集聚力，在市场潜力大的地区，交通基础设施不断改善，人们的生活更加便利，房地产需求也在增长。房地产开发商选择投资于具有高市场潜力的领域，以增加预期的未来收益并降低与投资相关的风险，房地产开发商会投资具有高市场潜力的地区。

第二节　相关经济理论

一、区域经济学相关理论

（一）产业集聚理论

产业集聚是相同产业大量集中在一定的地理范围内，相关资本要素在范围内持续聚拢，这是一个动态的过程。最早对产业集聚方面的问题探索是在1890年，马歇尔将企业集聚发展的原因总结为三点：一是集聚可以拉近企业与客户及供应商的距离；二是劳动力充足的同时可以降低劳动者的搜索成本；三是知识技术的共享和创新。马歇尔还围绕内部经济以及外部经济这两个关键的内涵进行了阐释。产业集聚理论在马歇尔之后获得了突破，很多研究人员发表了相似的观点和理论，对其是一个极大的补充。例如，韦伯的区位集聚论、熊彼特的创新产业集聚论，都是比较具有影响力的理论。

集聚经济产生的微观基础来自以下四个方面：①不可分物品的共享。主要指地方公共物品①的共享。②中间投入品的共享。如果中间投入品生产规

---

① 地方公共物品中包括基础设施。

模报酬不断增加，而相关投入品会造成整体规模报酬的持续提升，一般生产率也会伴随整体投入的提升而变多，所以，投入品的共享是形成集聚经济的关键因素。③劳动力共享。其重点是在两个层面加快集聚经济的出现和发展，一为劳动分工形成的利润和收益，二为市场风险减少的收益。④学习原则。含有教育、培育以及分析活动等，一个显著特征即为关系到不同人之间的活动的互动和面对面交流。马歇尔和周年（1991）提出产业的集聚有利于创新和新思想扩散，进而促进区域经济增长。

在对集聚这个现象的理论研究上，Krugman（1991）的研究结论认为，集聚可以使企业的成本降低，获得规模效益带来的好处，其过程是资本和人口等要素的集聚使商品市场不断地向外扩张，从而带来规模效益，而且集聚经济是在不断地自我强化的。著名的"钻石"模型的提出者 Porter（1995），他强调产业集聚除可以保持经济发展效率处在较高水平外，产业集聚与地区产业国际竞争力有正向的关系。Borro 等（1998）研究集聚时发现，一个稳定均衡的集聚出现时，区域内的拥堵成本是低于区域间的交易成本的。Duranton 和 Puga（1999）提出企业在各个不同城市的重心分配与劳动力的成本有关系，企业会综合考虑集聚带来的效益和劳动力成本之间的平衡。Ottaviano 和 Turrini（2002）在模型中加入部门的概念和通勤成本因素，得出逐渐降低交易成本的影响下空间分布呈现分散—集聚—分散的态势。沿袭威廉姆森的研究思路，生产活动的空间集聚在经济发展早期会显著提升经济效率直到某一个临界水平后，其促进作用消失甚至为负向影响，诸多中外学者对此进行了验证。国内学者分别利用门槛模型、系统动态面板 GMM 等方法实证了在威廉姆森假说的存在性。

近年来，国内外学者通过计算区位熵、空间基尼系数、产业集聚指数等方法实证量化了产业集聚和城市经济人口的集聚。文玫（2004）使用1980～1995 年的数据对改革开放以来中国的工业集中程度进行实证研究，得出与新经济地理理论一致的结论。中国制造业在地域上呈现集中的态势，同时如果交通运输费用下降，制造业的集聚有可能会进一步加强。文东伟和冼国明

（2014）在 Ellison 等（1997）创建的 EG 指标的基础上，对于生产业在一定范围内的集聚状态问题进行量化分析，结果表明中国生产业的范围集聚状态出现了显著的加深，特别是在东部沿海地区，这种制造业的空间集聚明显。贺灿飞和朱晟君（2007）分析了我国生产业在不同地理区间中的分布状态，生产业呈现出大量集聚的现象，同时伴随空间区域的变小，生产业在范围内的集聚程度提升。总体来说，生产业的集聚程度提升，工业增长速度也就越快。在中国的生产性服务业集聚研究上，陈建军和崔春梅（2009）通过构建生产性服务业集聚的理论框架，探索研究了其成因和发展趋势。还有研究者在产业以及经济集聚的层面分析了外部性聚合对于经济所形成的推动力。

运输成本、规模经济和马歇尔的外在性都和距离有着巨大的关系。空间集聚表现为空间上的集中，也是空间距离的缩短，梁琦和刘原俊（2003）将距离称作空间集聚的基本因素。在这个信息化、分工精细化、交流密切化的时代，交易成本和运输成本都在不断地降低，交通发展的作用就凸显了出来，使产业集聚成为一个不可逆转的趋势。作为本身就是一个复杂经济社会活动的交通，承载着现代经济活动的重要角色，构成了重要的国民经济组成部分。随着市场化改革的与日俱增，中国不同地区间的市场分割在逐渐消除中，随着交通方式的变更和创新，生产要素以及生产产品在不同范围内的流动趋势更为明显，改善了资源配置的水平，这就属于交通完善过程中出现的普遍现象，即经济活动的空间集聚。

（二）运输费用对产业、城市空间布局影响

交通成本在生产经营的区位选择、产业聚集发展和经济活动的改变演化中起着至关重要的作用。以运输成本因子为重点的区位理论研究，从德国经济学家杜能开始就得到了重视，早期区位理论认为，运输成本会在很大程度上影响经济活动的区位设定。杜能（1986）认为，在农业土地利用方式以及生产专业化的影响因素中，起决定作用的是由于距离城市远近的不同所带来的经济地租或区位地租上的差异。在他看来，运输成本同运输的重量和距离之间具有正相关关系，同运输距离成正比。

杜能创立农业区位论后，德国学者韦伯（1997）提出，在工业区位的布局选择中运输成本起着重要的作用，应当将工业布局在运费最低的地方，即遵循最小运费的原则。为此，韦伯提出了原料指数的概念，当生产所消耗的原料重量比产品重量更大时，工业区位为原料地指向；当生产所耗原料重量比产品重量更小时，工业区位为市场指向；当生产所耗原料重量和成品重量差不多的时候，工厂区位选择为自由指向。韦伯认为，影响工业布局的三个重要因素分别是运费、劳动力和集聚因素，其中运输成本起着关键作用。

美国学者胡佛（1948）对转运点区位的重要性进行了研究。场站作业成本和线路运输成本共同构成了运输成本。场站作业成本与运输里程的变化没有关系，只是每千米分摊的作业费用随着运输距离的变长而降低；而运输距离的增加导致线路运输成本的上升。所以，在各种运输方式中都存在着一种现象，整个运输成本与距离之间并不是完全呈正相关的，而是运费率与运输距离之间反向变动。若原料产地与产品市场之间的运输不能实现直达，必须通过中转的方式实现运输，考虑到原料是失重原料，将不存在运价率递减，在中转站由于中转过程中的支出使费用增加。考虑到这一点，为了避免原料和产品的运输需经过中转，工业区位的选择从运输成本最小的方面考虑，可以布局在转运点，这样可以减少原料和产品的装卸倒运量，并增加产品价值。

自1960年以来，交通运输方式不断更新，交通运输网络不断完善，网络技术不断发展，经济活动区位的影响因素越来越多，运输成本的影响力一直在降低。大量研究表明，运输成本只是总生产成本中很少的一部分，它只是影响经济活动区位的众多因素之一。据对英国"1968年生产全面调查"的分析，英国几乎3/4的行业所承受的总运输成本低于其总产出价值的3%。在95%的行业中，用产值计算，运输成本不到总成本的5%。安东尼（2010）以190家英国企业的相关数据为基础，研究发现在这些企业当中运输成本占生产成本的比重为3%~6%，其中，制造业企业的运输成本仅为4.7%，大大低于服务部门的运输成本[①]。安德森（Anderson，1983）研究了美国部分行业

---

① 服务部门的运输成本平均为9.9%。

的运输成本，结果发现大多数行业的运输成本在净产值中所占的比重不到 10%。

尽管如此，交通运输仍然是人类开展各种经济活动必不可少的前提条件，现代区域决策仍非常重视运输及运输有关的因素，尽管运输成本在区位决策中的地位有所降低，但仍是重要影响因素。这在当总成本中运输成本占比较大或者在潜在区位之间有较大差异时体现得尤为明显。据研究，1963 年，英国制造业的运输成本在不同地区间的差距约为 20%。在国家之间，深处内陆的发展中国家比沿海发展中国家平均多支付 50% 的运输成本。这也说明了无论是在国家之间还是国内地区之间，运输成本的差距都是较大的。需要指出的是，运输和运输条件不仅对传统行业重要，对高新技术产业也十分重要。

（三）交通发展对城市形态、产业空间格局影响

工业化与城市化的进程是相辅相成的，城市化由工业化所带动发展，进而驱动运输的发展，在运输化推动的过程中又促进了进一步的工业化和城市化进程，典型的案例包括运河的设计和修建、沿河区域的城镇经济发展、港口的变化、附近区域铁路网络的构件、附近城市的协同发展趋势等。

城市空间形态演变的主要推动力是运输化的发展、近现代交通技术的进步、交通基础设施的建设。梳理人类的发展历史：首先经历的马拉有轨车阶段，城镇的功能分区并不清晰，工业、商业等全部出现在城市的中央部位，随着马拉有轨车的发展，人们得以沿建设的交通线路不断对外拓展，慢慢形成了城市中心到四周的辐射状分布模式。伴随时代的进步，进入到电车阶段，电力有轨车通过提速增加了人们的可达范围，集聚人口以及产业设置一般都在交通干道的两旁，拓展为星形结构。后续兴起的市郊以及区域城市铁路更深入地减少了交通成本，改善了可达性，拓展城市空间。原材料以及新型公司不断在铁路两边聚合形成，沿线经济发展带初见雏形。进入到汽车阶段，大规模兴起道路交通设施成为一大趋势，由于有了舒适度和灵活性更强的汽车，郊区化加速，公路建设到达了铁路无法覆盖的区域，人们在郊区建设低密度居住区。在高速公路和环路发展的时期，大都市郊外社区的空间可达性

被高速路和环路显著加强了，新的城市形态由城镇人口与经济行为在干线以及线路的连接地带不断积聚形成。综上所述，交通工具在城市变迁以及空间变化的过程中扮演着关键的角色，交通同样属于城市设计中引起广泛关注的因素之一。当代交通运输的意义已经远远超过了之前的满足运输需求角色，成为引领城市空间发展、合理设计新城市的重要"风向标"。

轨道交通工具投入运用后，不仅加快了不同国家工业以及城市的进步发展，而且加快了城市发展以及城市形态的变迁。早期轨道交通从功能与服务区域的层面来分析，其在城市货运跟客运方面扮演关键功能。伴随城市规模的拓展，轨道交通的作用不断强化。城市轨道交通在现代大城市公共交通中发挥着主导作用，区域轨道交通甚至干线轨道越来越多地融入城市中，随着城市规模的扩张，区域轨道越来越多地承担起城市交通的功能；轨道交通枢纽作为人员与物资集散的中心，也是重要的经济区位和节点，影响不仅仅是城市的交通效率，对城市经济社会发展也产生着重要影响。中国轨道交通的历史表明，铁路提升了沿线地区的交通位置优势，人际交流和商品运输更加高效，在火车站附近区域兴起的交通枢纽不断形成，促进了区域经济的发展。例如，伴随沪宁铁路的运用，其构建起一日往返交通圈，胶济铁路通车带动青岛出口贸易的繁荣，南满铁路开通带动大连和旅顺成为重要对外通商口岸。

现代交通运输发展经验证明，在轨道交通领域里最具代表性的是高铁，在竞争性的 300 千米距离范围内，高铁有益于促进产业转型、经济一体化和专业化。高铁的突出特征即为速度快、效率高，在不同城市之间的联系更为紧密。Chen（2020）对于高铁推动经济的协同发展以及专业化水平的提高、产业结构优化转型这一问题上，对曼彻斯特和里尔进行了一系列案例研究，发现工业产业结构随着高铁的运行逐渐转变为知识密集型产业结构。Cheng（2006）研究了在大城市圈中心城市及其腹地地区中的产业结构调整情况，以 1999~2008 年欧洲的数据为基础并结合高铁的开通发现腹地与中心的产业结构更加相似，产业专业指数化降低，由此判断高铁的运行推动了中心城市及其腹地经济的协同发展（Cheng et al.，2015）。

关于高铁对城市、城市发展模式、附近区域经济变化的研究集中在多个层面。第一，对于人口流动的影响。从日本本土高铁修建的实践来分析，在20世纪70年代中期到80年代中的10年中，日本学者研究在修建新干线的辖区里，有多个辖区的人口增长率超过了该阶段日本国内的平均水平。第二，高铁调整了沿线不同城市方面的时空关联以及附近的城市发展模式。根据英国运输机构的分析成果①，高铁工具的运输优势区域在200~800千米，而在300~600千米区域的竞争优势巨大，能够加快沿线经济圈的高速形成。东京城市经济带的兴起和大阪的发展就属于这种案例。第三，高铁修建对于附近区域的中小规模城市发展具备两个层面的影响效应。在正面上，增强小城市交通区位的优势，促进产业升级和房地产租金上涨。例如，德国的卡塞尔因高铁开通，接受了周边大型城市的很多产业转移机会，城市的房租价格明显提升，产业结构面临着重大调整和洗牌。而在我国天津武清的发展中，由于京津城际铁路的修建，武清因为独特的地理位置获得了良好的发展机会，GDP一路飙升，经济增长率增加了7个百分点。在负面上，高铁修建对于附近区域小城市产生极化效应。因为小规模城市在基础设施和服务能力上明显存在缺陷，修建高铁后，大城市的发展引力对于小城市而言是一种消耗和取代，出现空心化。例如，武广高铁加强了武汉在湖北的首位度，强化了武汉的核心区作用，很多产业发展都出现了不平衡问题。

高铁提升了第三产业的发展速度特别是旅游业。Masson 和 Petiot（2009）讨论了南欧高铁在法国 Perpignan 和西班牙 Barcelona 地区都带动了旅游业和经济的发展。通过对克鲁德曼的中心—边缘理论讨论，高铁能够带动旅游业的发展，特别是商务旅游和城市旅游。高铁对旅游业的正面效应主要通过节约旅游的出行时间，增加区域和城市关联方面实现。Froidht 和 Nelldel（2008）发现高铁在旅游市场中具备比航空更强的竞争性。由于可以节约出行时间和更低廉的费用，高铁被低收入者、低预算者所青睐。Haynes（1997）研究发现，高铁对旅游业及与旅游联系紧密的食品业和住宿业都有

---

① 该成果发布于2004年。

正向影响，在中型的高铁站和高铁终点站的这些产业都有增长。但也有研究发现，在法国 TGV 沿线，高铁带动了旅游业的同时，住宿率却降低了。

综上所述，交通工具的发展推动着城市空间形态的演变，从轨道交通的例子上更深入地证明了交通工具的变化发展促进了城市的演变，是城市形态发展变更的助动力之一。高铁不仅影响人口流动，而且改变沿线城市间的时空关系和城市形态，虽然高铁对沿线小城市正面负面效应都存在，但对于旅游业等以人为服务对象的第三产业却具有显著的积极效应。从这个意义上说，高铁改变着以旅游业为代表的第三产业空间格局。

二、空间经济学相关理论

（一）核心—边缘理论

核心—边缘模型（简称 CP 模型）是空间经济学诸多模型的基础，最初由克鲁格曼于 1991 年建立，其三种基础效应形成了模型的大致机制。第一种属于市场接近效应，即垄断性公司设定市场规模突出的区域开展生产活动，同时朝着规模很小的市场区域抛售其相关产品的趋势。第二种属于生活成本效应，即公司的区位选择跟当地消费人员生活成本因素密切相关。在公司集聚明显的区域中，因为本地制造的产品类别以及数目丰富，使该区域商品价格较低，消费者生活成本较低。第三种属于市场拥挤效应，即公司因为过度集中而造成的彼此恶性竞争状况。前两种效应会造成公司的空间集聚，而后一种会加快布局分散。

核心—边缘模型需要结合两种要素、两个机构以及两个地区进行分析。这里的要素即为无法流动的农业从业人员以及流动性较强的劳动人员。两个机构即为工业跟农业。前者规模收益较为稳定，其关键特点是完全竞争，工业部门以规模收益递增、垄断竞争为特征。两个地区指北部和南部。核心—边缘模型长期均衡分析表明，经济的聚集或分散与集聚力以及分散力高度相关。当集聚力超过了分散力，会形成经济的集聚问题，相反会形成分散现象。

核心—边缘模型的主要结论是：第一，存在本地市场放大效应，即某一外部冲击改变了之前的空间分布，造成很多公司向特定区域的集聚现象。第二，循环积累因果关系，即聚集趋势是自我强化的。第三，内部形成的非对称性，即为交易成本的改变造成的区域间不平衡问题。第四，突发性聚集，即内生非对称现象的发生是突发的。第五，区位的黏性，即路径依赖，指没有足够冲击力时，经济演化过程仍然保持原有的结构。第六，聚集租金，即企业或人口聚集能够获得的收益，它是企业或人口聚集的动力源泉。第七，重叠区和自我实现预期，即对称结构和两种 CP 结构都是局部的长期稳定均衡，其区间称为重叠区，表明当劳动者预期在短时间内明显改变时间，劳动者会按照浮动后的预期相应地选定合理结构，从而固定区位。

Fujira（2005）总结核心—边缘模型时说道：尽管集聚过程的细节因模型和定价方法的不同而存在区别，不过不管是竞争模型的创建是运用 CES 效用函数—冰山型成本模式，还是线性成本模式，都意味着在交通成本不高的状态下，集聚问题广泛存在。随着运输成本的降低，企业有动力将生产集中在少数几个区域，以实现规模经济。而且偏低的交通成本会让价格竞争更为显著，让企业在产品竞争上下更大功夫。所以，产品差异化是促进集聚的强大推动力。

事实上，较易实现产品差异化的制造业确实存在明显的空间集聚趋势，但房地产业的产品差异化远没有制造业显著，运输成本降低是否仍然会导致房地产企业及其投资集聚，需要深入研究。

（二）交通基础设施改善对核心—边缘空间格局影响

在解释经济空间结构演变模式方面，美国区域发展与规划专家弗里德曼在 1966 年对委内瑞拉进行研究时提出了核心—边缘理论。该理论描述了区域系统的一种发展过程，开始区域之间彼此孤立，随后联系密切发展不平衡，最后进入一种协同发展的平衡状态。《极化发展理论》一文将核心—边缘进一步归纳，普遍运用在区际或城乡之间非均衡发展过程的解释上。该理论把空间的演变与产业的发展结合，运用区域空间结构和发展阶段的关系说明了，伴随区域经济的发展过程空间结构所发生的阶段性变化，也说明了区域城市化和工业化推进过程的规律。

核心—边缘理论中的核心区域一般指在区域内工业发展水平高、技术先进、人口密集、经济快速增长的城市或城市集聚区。区域是包含国内都会区、区域中心城市、亚区中心、地方服务中心在内的地区。边缘区域可分为过渡区域以及资源前沿区域,这些区域都是国内经济发展较为落后的区域。在过渡区域中,上过渡区一般处在核心区域的外围区域,作为一个开发走廊联结了两个或多个核心区域,与核心区域之间经济联系密切,受其影响较大,经济不断发展。因此对人才更具吸引力,就业机会也更多,同时资源利用更加集约,经济增长具有持续性。下过渡区则相反,经济的发展处于停滞或衰落阶段。此类区域的经济发展曾达到过很高的水平,可能由于资源的枯竭、产业结构的老化、放弃优势工业,缺乏与中心城市之间的经济联系等原因,经济的发展出现衰退。而资源前沿区域凭借其丰富的资源、开发条件优越等优势,虽地处边远但仍具备经济发展的潜力,出现经济增长的有可能发展成为次一级的核心区域。

核心—边缘理论表明,区域经济空间结构会随着经济的发展而改变。随着经济发展水平不断调高,经济空间结构变化的过程可以分为四个阶段。最开始是前工业化阶段,这个阶段农业是主要产业类型,各地区基本上是自给自足的小农经济,商品经济不活跃,技术水平低下并且地区之间缺乏经济联系,经济发展的差距也很小。在此阶段城镇之间比较孤立,形成自己独立的中心,产生和发展速度比较缓慢。城镇的规模大多较小,没有完整的等级体系(见图2-1)。

图2-1 工业化前阶段

接下来，社会分工程度加深，商品经济实现发展，社会进入工业化初期阶段，处在物资集散中心的地点，凭借着资源和交通优势，工业以及制造业得到发展，随着经济增长速度的加快，逐渐发展成为核心，即城市。在此中心区域附近的地区就是其边缘。核心地区与其边缘区域的差异随着经济增长速度的快慢逐渐加大。核心地区在整个区域拥有很强的支配地位，可以通过回流效应吸引边缘地区的劳动力、资金等要素以更快速地发展。城市化的过程随着核心地区向边缘地区不断扩展而推进。随着经济发展水平提高，政治权力也会在核心区域集中，使核心区域与边缘区域之间的区域差距加大，区域发展更加不平衡（见图2-2）。

图 2-2　工业化初期阶段

随后社会进入工业化成熟阶段，核心区域自身迅速发展，支配着边缘地区的发展，两个地区之间发展具有不平衡性。边缘地区内部也存在着发展条件相对优越的地区，在这些地方便形成了次一级核心区域，这会把以前的边缘区域分隔开，使其范围变小，并入一个或几个核心区域中（见图2-3）。

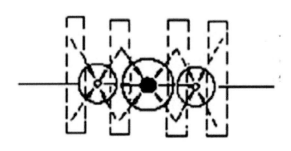

图 2-3　工业化成熟阶段

最后社会进入后工业阶段，这一时期核心区域的扩散效应加大，使边缘区域的次中心发展迅速，在规模上与原来的核心区相当，经济发展基本达到均衡的状态，空间上也实现了相对均衡。依次进行发展，次级核心区域的边缘也会凭借相对优势出现新的核心，形成又一个新的核心边缘区域。整个城镇体系便开始有关联的平衡发展，在功能上相互依赖，城市化区域的规模不断扩大（见图2-4）。

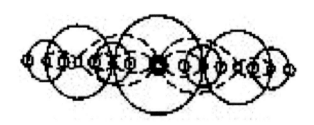

图2-4　空间相对均衡阶段

三、房地产经济三部门理论

迪帕斯奎尔（Dispasquale et al.，2002）将区域经济界定为三大市场，分别是区域产出、劳动力以及房地产市场，其中房地产市场包括土地和建筑物。区域经济的整体框架由这三个市场的流动形成。区域产品需求和劳动力供给的变化与区域经济增长、工资水平、地产股和租金水平之间的相互作用可以通过静态分析模拟。根据房地产经济学的三部门模型，房地产市场的周期变化与劳动力的流动密不可分。房价和房租上涨的很大原因是需求的增加所导致的，需求的增加与劳动力人口增长有着巨大的关系。按照模型的分析，实际收入约束着人们对住房的需求程度，住房需求的增加则由劳动力人口收入水平提高增加的总支出约束水平所引起。当劳动力人口对住房需求上升让房价和租金上涨时，房地产开发投资的流动也就加速了。

在区域经济的基本模型中，在劳动力、产品与服务供应部门外，房地产供应部门是另一关键组成部门，与其相应的区域房地产市场也在很大程度上决定了区域竞争力。为了实现区域产出，必然要投入房地产以及劳动力等要素，由此实现的产出所带来的收入用以支付房地产以及劳动力的价格；这个费用也决定了产出的成本，由此会对区域产品销售以及竞争力产生很大影响。假设在产品和服务市场中，每个区域的产出用于区域间的输出 X，当地消费 C，增加新的当地资本 I，区域产出总需求为 $Q = C+X+I+M$；在劳动力市场，劳动力需求 $L_d = Q$，供给 L_s；在房地产市场，房地产需求 $K_d = Q$，供给 K_s。如图 2-5 所示。

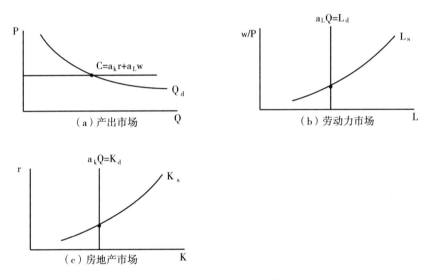

图 2-5　房地产经济三部门模型

从图 2-5 可以看出，对于房地产市场和劳动市场而言，要素的需求曲线与横轴垂直，仅伴随产出的变化发生左右移动，说明要素的需求完全缺乏价格弹性，只取决于产出数量。w/p 为有效工资，它决定了区域劳动力的供给，工资增长会吸引劳动力流入。Q_d 给定，成本 C 与曲线 Q_d 决定产量 Q；L_d 与 K_d 取决于产量 Q；由于要素供给 L_s、L_d 给定，要素价格 w 和 r 即成本 C 便随之确定。

就某一个区域而言，产出产量 Q、价格 P、房地产成本 r、使用劳动力成本 w 相互实现匹配即三个市场达到均衡的状态，此地区便在经济上实现了均衡，即区域经济没有增长但达到了稳定。

若区域经济的增长由需求引起，即外区域对本区域的产出（产品和服务）的需求增长，以 Q_0、P_0、L_0、w_0、K_0、r_0 为初始状态，以 Q'、P'、L'、w'、K'、r' 为均衡状态，则发生如图 2-6 所示的变化。

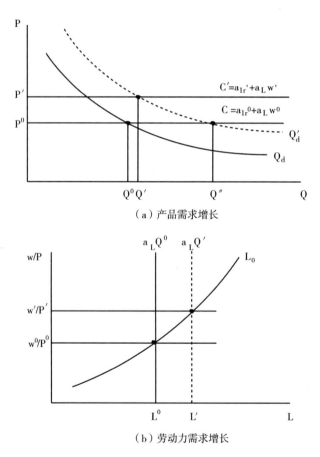

（a）产品需求增长

（b）劳动力需求增长

图 2-6 由需求引起的区域经济增长

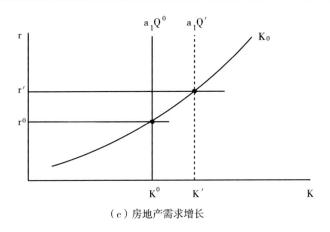

（c）房地产需求增长

图2-6　由需求引起的区域经济增长（续）

这里产出增长导致成本增长，成本增长会削弱输出需求的增长，需求上升后，w 由初始状态变动到均衡状态，租金 r 和成本 C 同样发生了相应的改变。接着劳动力需求数量会随着产出需求增加而增加，即劳动力需求曲线向右移动，为了增加新劳动力的数量，名义工资必须上升，由于价格也在上升，则名义工资的增加要大于价格的上升。

房地产市场中产出需求增加导致房地产需求增加，需求增加导致房地产租金增长。总之，如果区域经济增长是由于需求的增加引起的，那么区域的房地产租金、劳动力名义工资以及产出价格都会增加；相应地，就业人员数量和产量水平会上升，同时导致房地产投资增长。同样，如果区域的经济增长是由于供给的增加引起的，工资水平和价格水平会随着供给增加下降，而产出水平和劳动力就业数量上升，引发房地产投资以及房地产租金价格上升。

综上所述，区域经济的增长会带动产量、就业以及房地产存量的增加。房地产的开发投资、就业人口和区域经济的增长有着很强的相关性。本书对房地产投资空间效应进行研究，综合引入关注城市规模和制造业规模作为城市人口和就业的代表。产量的增加带动区域经济的发展，产业进步的结果之一也是产量的增加，就业人口的规模是产业中最值得关注的重要因素之一。本书也以房地产业中就业人口规模作为代表，对房地产投资发展规模进行研究。

四、理论梳理的评述

通过对理论的梳理，得到如下启示：第一，产业和城市空间分布是非均质的，交通联结通过降低运输费用或时间成本改变产业和城市区位选择指向和空间布局。第二，交通基础设施改善促进人员、货物和知识等信息流动，对产业的市场潜力空间格局具有显著影响，进而影响产业布局的空间指向，出现集聚或移除的空间位移变化。第三，房地产业作为与产业和人口紧密关联的第三产业，其空间布局应该受到交通基础设施布局和改善的影响。高铁作为迅速兴起的新型交通工具，必然影响房地产业和房地产投资的空间布局和空间位移变化。

第三章 高铁对房地产投资
空间效应：影响机理

第一节 理论假设

一、理论思路

高铁时空收敛现象造成的可达性变化既是分析其与经济活动之间动态演变的逻辑前提，也是高铁发挥加快区域经济社会发展基础功能的内在机制（林晓言等，2015）。区位的根本即为可达性，高铁的区位强化效应是研究高速铁路对房地产业集聚与扩散的逻辑起点。同时，基于高铁区位强化效应的市场结构效应和要素整合效应，同样作用于房地产业的集聚与扩散。由高铁本身的技术特性和房地产业的产业特性决定，高铁对房地产业集聚与扩散的影响具备客观必然性（见图3-1）。

在区位强化效应上，区位选择首先要考虑的就是接近更大的需求市场和劳动力市场。高铁的建设通过提升沿线城市的交通可达性，为带有政策倾向性的沿线城市房地产业发展提供了契机。对于未开通高铁的城市而言，高铁的连接让附近区域的城市因为可达性的提升而得到了更为显著的区域优势，扩大了沿线城市资源优化配置的范围，也扩大了从事房地产业的企业市场范围。不可运输、不可存储。因此，房地产业倾向于在交通便利的地区集聚，强化其区位优势。

在市场结构效应上，高铁开通带来的本地市场竞争局势、产品模式以及市场联系的浮动变化，对该区域的市场结构都带来了明显的影响作用。因为高铁造成可达性的提升，对于公司选址是十分关键的因素，可达性高的地区人与物的流动频繁，巨额流量带来的市场规模也大，交易成本和运输成本的下降促进了本地市场与外地市场的一体化。高可达性的区位同样让房地产跟公司得到了更为显著的市场潜力，形成了企业集聚。房地产业的市场需求不仅来自沿线城市本地，高铁的开通让更多依赖本地市场的房地产企业受惠于周边城市的市场。高铁扩展了房地产企业本地服务市场的半径，目标市场逐渐扩大。

在要素整合效应上，高铁增加了面对面交流的机会，根据运输通道理论，高铁建设让附近区域不断形成劳动力以及信息技术等要素，在循环累积过程中要素整合跟集聚力不断提升。人力资本借助"吸引—提升—创新"机制促进产业集聚。在人力需求方面，高铁的开通促进了产业对于综合性人才的匹配效率和质量。在人力供给方面，高铁在很大程度上提升了城市对于就业的吸引力。对于未修建高铁的城市而言，高铁的开通极大地促进了沿线或周边产业的发展以吸引更多企业入驻享受"劳动力池"红利。这些劳动力对于房地产业本身而言，不仅提供了产业所需要的人力资源，也提供了房地产产品的需求市场。更进一步地，越是附加值高，该产业发展所需要的知识和技术就显得越关键。隐性知识所具备的黏性，让其不仅存在于人力资本中，同时跟地理距离高度相关。此时就需要当面的近距离沟通来传递，高铁的开通恰好为面对面接触提供了有效的支持，促进了隐性信息的传递。从而更多附加值高的产业落户于高铁沿线或周边地区，创造了更多高收入人群，更多高收入人群则进一步提升了对房地产产品的品质需求，促进了房地产业的发展。

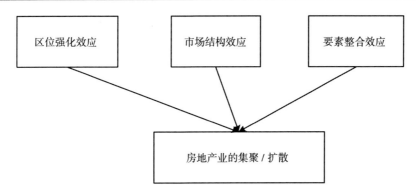

图3-1 高铁对房地产投资空间效应理论思路

二、影响机理

高铁对房地产投资空间效应的影响机理：首先，高铁提高了区域的可达性。主要体现在时空收敛效应和空间叠加效应两个方面：从时空收敛效应看，高铁修建在要素流动环节中节约时间，区域空间进一步拓展，让周边地区的城市按照更快的效率，在更少的时间达到了高效的衔接，另外也处理了距离较远、耗时很长的城市分割问题。这对于创建一体化城市发展道路、形成更大规模市场带来了很好条件，时空收敛效应拓展了各种要素流动的潜在范围。从空间叠加层面分析，高铁修建不仅扩大了城市在一定区域内的区位优势特征，而且提升了区域的经济潜力，造成不同因素更为便捷的流动，多样性资源充分流通。随着高铁网络的覆盖，城市之间的交通与合作频次大幅度提升，惠及更多城市。高铁以客运为主，其高效便捷的特征成为乘客出行的不二之选，乘客是房地产业的需求方（邓涛涛等，2017）。高铁增加了沿线城市的就业机会，能够为城市的发展提供外来劳动力。提高人才与就业机会的匹配，将带动城市人口平均收入的提高，从而增加人们对于高品质生活的追求，进一步带动高品质房地产商品的需求。虽然高铁会带来大规模城市对于人力、物力等资源的"虹吸问题"，进而造成小城市资源进一步减少的问题，但发展动力显然不足。而大城市产业发展集聚程度不断提升后会形成相应的扩散问题，此时高铁就成为要素扩散的关键途径。

由此，可以推论：高铁作为重要的基础设施正向影响要素的流动，从而影响房地产投资。

其次，可达性加快要素的流动。可达性加快了资源以及人力资本的科学划分，在一定范围内的集聚现象更为明显。同时，实现了短期、高频、大范围的人员流动，人力资源得以保留，从而增加了住房的需求。区域可达性还提升了企业生产效率，更高的可达性意味着更小的时空差距，尤其是高铁对于交通时间的压缩问题，降低了彼此交流环节中的时间消耗，提高了生产效率，增加了人均收入，提升了人们对住房品质的要求。

由此，可以推论：高铁在提高劳动生产效率继而增加人均可支配收入的同时，提高了住房投资的品质要求。

最后，要素流动引致房地产业的集聚与扩散。房地产业自身的属性造成其与高铁发展之间息息相关，房地产商品无法长久保存，难以变更位置，相比于其他产业，产业融合度高、关联性强、与上下游产业紧密相连。房地产业还具备明显的服务外部化，市场中存在大量的企业将自身所需要的金融、审计、勘测、运输等业务外包出去，交由专业化的企业负责此类非核心业务。房地产投资需要相关产业产品的供给，比如钢材、水泥、建材、玻璃等。这些实物资源通过高铁加速流动，能够方便房地产投资规模放大，投资范围与领域增加。高铁的时空压缩效应有利于缩短城市之间的时空距离，对于时间距离相对于空间距离更关键的房地产业，为其在更大范围内集聚创造了条件，不断促进房地产业的集聚发展。

另外，高铁开通弱化了房地产产品的无法储存性、无法移动性，让房地产公司可以在更大区域内吸引客户，房地产产品的购买者也能够拥有更多选择。受土地资源供给有限的制约，房地产业集聚发展中心城市，面临企业竞争加剧，房地产开发成本随土地供应价格的飙升而飙升，产生拥挤效应，开发商的利润空间受到挤压，可能导致部分房地产企业和投资向中心城市以外的中小城市扩散。

由此，可以推论：高铁时代跨区域住房需求进一步激活，住房购买本地化比例降低。

第二节 运输基础设施对产业空间格局变化的模型分析

本节引用新经济地理学的两区域模型，探讨运输基础设施对产业空间格局变化的影响。

根据 Helpman 等（1985）和 Krugman（1991）的模型，假设有两个区域，在每个区域中，一个典型的顾客通过选择一系列的物品进行消费以最大化自己的消费者效用，如下：

$$U = \frac{1}{a^a (1-a)^{1-a}} D^a Y^{1-a} \tag{3-1}$$

式中，Y 为基准商品，D 是由很多差异化产品构成的复合商品。

$$D = [\sum_{i=1}^{N} D_i^{1-\frac{1}{\sigma}}]^{1/(1-\frac{1}{\sigma})}, \quad \sigma > 1 \tag{3-2}$$

N 是在本区域和本区域外生产的商品数量总和。这个数量与生产商品的区域原始禀赋有关系，但企业的地理位置决定于均衡状态。一个典型的本区域消费者在预算约束下选择和来最大化式（3-1）：

$$\sum_{i=1}^{n} \tau_D p_i D_i + \sum_{j=n+1}^{N} \tau_I \tau_I p_j D_j + Y = I \tag{3-3}$$

式中的星号代表本区域外。N=n+n*，n 和 n* 分别代表在本区域和本区域外生产的商品数量。τ_D、τ_D^*、τ_I、τ_I^* 分别为本区域的交易运输成本、区域外的交易运输成本、本区域的跨区域交易运输成本、本区域外的跨区域交易运输成本。在式（3-3）中，当 $1/\tau_D < 1$ 时，消费者选择消费本区域的商品；当 $1/\tau_I \tau_I^*$ 时，消费者选择消费本区域外的商品。选择消费本区域外的商品将导致的跨区域运输成本为 τ_I^*，区域内运输成本为 τ_I。同样，$1/\tau_D^*$ 为消费本

区域商品的运输成本，$1/\tau_I\tau_I^*$ 为消费外区域商品的运输成本。假设 $\tau_D<\tau_I\tau_I^*$ 和 $\tau_D^*<\tau_I\tau_I^*$，即商品在本区域生产比在本区域外生产运输成本更低，g_D 为国内运输基础设施的现有程度，那么：

$$\tau_D=\tau_D\left(g_D\right);\ \frac{\partial\tau_D}{\partial g_D}<0 \tag{3-4}$$

跨区域运输基础设施程度与式（3-4）相似。模型通过需求影响处理了企业和顾客间的关系。运输基础设施作为促进区域贸易的设施，在这里可以是城市中的港口、机场或者高铁站。本书不区分运输设施的运出或运入，只区分区域内运输基础设施基建或区域外运输基础设施。本书主要关注运输基建怎样促进产业发展，没有把区域内外的运输基础设施加入生产函数作为内生变量进行考虑。

在 Helpman（1985）和 Krugman（1991）的模型中，Y 商品和每个区域的工资水平联系在一起，没有考虑该商品的运输成本。如果考虑商品的运输成本，每个国家就只能自产自销 Y 商品，则劳动力市场无法均衡。

和 Krugman（1991）的模型不同，在本书模型中，假设每一种商品有一个固定的资本投入要求，劳动在不同区域之间无法流动但在不同行业之间可以流动。商品区分只取决于资本和劳动量的不同。一个单位的商品生产需要一个单位的资本，所以每个区域能够生产的商品数量取决于每个区域的资本禀赋；在本区域有 K 个单位的资本，在本区域外有 K^* 个单位的资本；每个商品需要的单位劳动力成本为 β，市场环境为垄断竞争，通过选择 p_i 来最大化利润：$p_i=w\omega\sigma/\left(\sigma-1\right)$。在均衡状态下，$w\sigma/\left(\sigma-1\right)$ 是平均成本和边际成本的比例，σ 为均衡规模经济指标的倒数。资本的租金等于收益和劳动力成本之差：

$$r=p_ix_i\left(p_i\right)-w\beta\ x_i\left(p_i\right)=\frac{w\beta x}{\sigma-1} \tag{3-5}$$

商品 Y 在不变的规模收益下生产，仅投入劳动力，每单位的劳动力投入生产一个单位的 Y，在收益最大化的条件下 w=1。一个消费者可以无弹性地提供一个单位的劳动力，拥有 K/L 单位的资本，所以个人收入为 I=1+Rk/L，这里 L 是本区域的总人口量。对消费者变量取一阶，可以发现消费者需求如下：

$$D_i = \frac{\sigma-1}{\beta\sigma} \frac{\rho_D \alpha I}{\tau_D (n\rho_D + n^*\rho_I\rho_I)} \tag{3-6a}$$

$$D_j = \frac{\sigma-1}{\beta\sigma} \frac{\rho_I\rho_I^* \alpha I}{\tau_I\tau_I^* (n\rho_D + n^*\rho_I\rho_I^*)} \tag{3-6b}$$

$$Y = (1-\alpha) I \tag{3-6c}$$

其中，$\rho_D = \tau_D^{1-\sigma}$，$\rho_D^*$、$\rho_I$ 和 ρ_I^* 定义类似。由于 σ 和 τ_D 大于 1，ρ_D 介于 0 和 1 之间，ρ_D 值高说明本区域内的基础设施更好。

为了研究在交通影响下，贸易带来的企业在地理位置上的集聚与分散效应，首先，假设国家都在自给自足的状态中，产业的地理位置完全取决于资本在不同区域的初始禀赋，在本区域有 K 个企业、本区域外有 K^* 个企业。

当贸易和资本的流动不被限制时，虽然国家初始的企业个数不变，但是资本的地理位置会发生改变。下面用四个均衡条件来决定企业规模大小（x，x^*）和企业位置（n，n^*）。若假设条件为两个区域生产有差异的商品，每个区域内都自给自足，无论在本区域还是区域外。需求必须等于供给：

$$x = \frac{\sigma-1}{\beta\sigma} \left(\frac{\alpha LI \rho_D}{n\rho_D + n^*\rho_I\rho_I} + \frac{\alpha L^* I^* \rho_I\rho_I}{n^*\rho_D + n\rho_I\rho_I^*} \right) \tag{3-7a}$$

$$x^* = \frac{\sigma-1}{\beta\sigma} \left(\frac{\alpha L^* I^* \rho_D^*}{n^*\rho_D + n\rho_I\rho_I^*} + \frac{\alpha LI \rho_I\rho_I}{n\rho_D + n^*\rho_I\rho_I^*} \right) \tag{3-7b}$$

其次，当资本流动被限制，没有区域可以提供更高的资本租金。在均衡状态下，当 n 和 n^* 为正，两个区域中的资本租金必须相等，所以：

$$x = x^* \tag{3-7c}$$

由于企业的数量被初始资本禀赋所决定，所以：

$$n + n^* = K + K^* \tag{3-7d}$$

式（3-7a）～式（3-7d）决定了 x、x^*、n 和 n^*，则企业的产出是：

$$x = x^* = \frac{\alpha (\sigma-1) L + L^*}{\beta (\sigma-\alpha) K + K^*} \tag{3-8}$$

每个企业的规模 x 都和资本劳动的比率呈现倒数关联，而不取决于运输基础设施，则每个区域的企业数量为：

$$n = \frac{\sigma - \alpha K + K^*}{\sigma} \frac{LI}{L + L^*} \left[\frac{LI \rho_D^*}{\rho_D^* - \rho_I \rho_I^*} - \frac{L^* I^* \rho_I \rho_I^*}{\rho_D - \rho_I \rho_I^*} \right] \qquad (3\text{-}9a)$$

$$n^* = \frac{\sigma - \alpha K + K^*}{\sigma} \frac{1}{L + L^*} \left[\frac{L^* I^* \rho_D}{\rho_D - \rho_I \rho_I^*} - \frac{LI \rho_I \rho_I^*}{\rho_D^* - \rho_I \rho_I^*} \right] \qquad (3\text{-}9b)$$

其中，$I = 1 + \frac{\alpha}{\sigma - \alpha} \left(\frac{L + L^*}{K + K^*} \right) \frac{K}{L} \qquad (3\text{-}10a)$

$$I^* = 1 + \frac{\alpha}{\sigma - \alpha} \left(\frac{L + L^*}{K + K^*} \right) \frac{K^*}{L^*} \qquad (3\text{-}10b)$$

由于初始资本禀赋是固定的，且劳动力假设不流动。此时当企业重置地理位置时不会发生集聚现象。资本从区域外到区域内的流动少于 $x - x^*$，进一步流动的敏感性减少。所以，这个均衡是稳定的。

若放宽假设，检验在贸易均衡的状态下影响企业地理位置的要素。考察区域的区分仅仅存在于交通基础设施的不同，本区域的交通基础设施条件比本区域外的交通基础设施条件差（$\rho_D < \rho_D^*$）的情况，较为富裕的区域（本区域外）和较为贫穷的区域（本区域）之间的企业数量之差等于从贫穷区域转移到富裕区域资本的 2 倍：

$$n^* - n = 2(K - n) = 2K \frac{\rho_I \rho_I^* (\rho_D^* - \rho_D)}{(\rho_D - \rho_I \rho_I^*)(\rho_D^* - \rho_I \rho_I^*)} \qquad (3\text{-}11)$$

由式（3-11）可见，当两个区域之间有贸易往来时，企业趋向流动去拥有更好交通基础设施的区域。更低的 ρ_D（更高的 τ_D）会提高本区域制造的商品对于本地消费者的价格，因此降低了本区域消费者对本地制造商品的需求，间接提高了本区域消费者对于本区域外商品的需求。企业会选择流向更高的市场需求和更好的运输条件的区域，这样的选择也能够让规模收益得到提升。虽然仅仅靠交通基础设施的差异不足以让企业重新选择置业地点，但更为发达的交通基础设施构成企业更强的吸引力。当 ρ_I 和 ρ_I^* 的值都在较高水平时，即使是很小的基础设施差异，都会导致大量企业流向拥有较好交通基础设施的区域。

当完全集聚的极端情况产生时，即 $n^* = K + K^*$，$n = 0$。基础建设较差的区域将完全专注于生产规模收益不变的商品，此时：

$$\frac{\rho_D^*(\rho_D - \rho_I \rho_I^*)}{\rho_I \rho_I^*(\rho_D^* - \rho_I \rho_I^*)} < 1 \qquad (3-12)$$

不等式（3-12）反映了如果两个区域基础设施的程度呈现显著差异，完全集聚的情况很有可能发生。在 Krugman（1991）的模型中可以发现，制造业完全集聚于交通成本低而规模经济效益强的区域。

若同样放宽假设，检验国与国之间的区别仅仅存在于初始资源禀赋的情况。此时，从本区域到外区域的转移资本为：

$$K - n = \frac{n^* - n}{2} - \frac{K^* - K}{2} = \frac{K^* - K}{2}\left(\frac{\alpha}{\sigma}\frac{\rho_D + \rho_I^2}{\rho_D - \rho_I^2} - 1\right) \qquad (3-13)$$

如果式（3-13）括号内的项为正，资本将流向有着更高资源禀赋的区域。区域之间资源禀赋的不同对于企业的流动有着两种截然相反的效应。一方面，初始资源禀赋更低的区域生产更少的差异化产品，由于竞争不激烈而规模收益更大，吸引企业流入。另一方面，初始资源禀赋低的国家由于收入少而产生了对差异化产品更小的市场需求，无法吸引企业流入。如果规模收益效应强，或者区域外的基础设施更发达，第二种效益会大于第一种效益。初始资本禀赋更强的区域将会吸引更多资产流入。尽管在贸易的作用下，资本会从富裕的区域流向贫穷的区域，但在有着更高资本的区域，企业的数量依然会大于相对拥有资本更低的区域：

$$n^* - n = \frac{\alpha}{\sigma}\frac{\rho_D + \rho_I^2}{\rho_D - \rho_I^2}(K^* - K) \qquad (3-14)$$

正如在之前例子中反映的，更好的本区域外基础设施放大了由于区域间资本禀赋的不同而产生的企业集聚效应差异。这个结果也由 Wheeler 等（1992）的研究所证明，他们发现随着发展阶段的不同，投资的大小由于区域与区域的特征不同而不同。如果运输等区域间的基础设施不发达，企业更愿意流向距离市场更近的地方，而不是单纯地集聚于一个区域。

若再次放宽假设，检验区域与区域的区别仅仅在于市场大小不同的情况。企业将更趋向流动至拥有更大市场的区域，这个效应与 Krugman（1991）所证明的市场效应类同。

在以上模型的基础上，进一步考虑本区域内运输基础设施的提升改善对于产业地理位置的影响。对于某个可以提升区域内运输基础设施的政策需要综合成本收益去分析。上述模型把政府的股本以及与之相联系的运输基础设施成本 τ_D（g_D）当作外生变量。现在假设每一单位的运输基础设施成本为 c：$cdg = -dI$，同时 $\dfrac{\partial I}{\partial g_D} = -c$。在政府影响下的区域运输基础设施改善可带来的产业地理位置流动效应如下：

$$\frac{\partial n}{\partial g_D} = -\frac{\partial n^*}{\partial g_D} = \frac{\sigma - \alpha K + K^*}{\sigma} \frac{1}{L + L^*} \left(-\frac{cL \rho_D^*}{\rho_D^* - \rho_I \rho_I^*} + \frac{L^* I^* \rho_I \rho_I^*}{(\rho_D - \rho_I \rho_I^*)^2} \frac{\partial \rho_D}{\partial g_D} \right) \qquad (3-15)$$

式（3-15）中括号里的第一项是政府融资如税收对于收入的负效益，第二项是提升了区域内运输基础设施的正效益。由于 $\rho_D = \tau_D^{1-\sigma}$，$\dfrac{\partial \rho_D}{\partial g_D} = (1-\sigma)\tau_D^{-\sigma}$ $\partial \tau_D / \partial g_D < 0$，在区域内商品由于运输基础设施改善提高的需求大于由于税收降低的需求时，区域内运输基础设施的改善将吸引企业流向这个区域。对于区域内运输基础设施的改善越大，区域间的交通情况越好，这是由于式（3-15）括号中的第二项 ρ_I 和 ρ_I^* 提升导致的。分析原因在于，好的区域间运输基础设施和规模经济作用会放大产业对于区域内运输基础设施改善的敏感性。相对贫穷区域内的基础设施改善了，区域外的企业由于区域内产生的高需求将流动至这个区域。在跨区域运输基础设施发达的情况下，产业更容易利用新的运输基础设施而重新选择企业的地理位置。

第三节　高铁发展对房地产投资
空间格局变化的影响

房地产投资在特定的自然与社会环境中开展，投资的环境有着复杂与变化的特征，因为环境因素所构成的影响，或许会造成投资效果产生一定的变动。房地产投资为实现良好的经济与社会效益，经济效益作为其中的重点，同时也是投资人关注的焦点问题。本节在前文的基础上，通过理论分析论证高铁发展及本区域内和区域之间交通基础设施改善对房地产投资空间格局的影响。

房地产投资者对投资决策的区位选择受到多种复杂因素的影响，理性的房地产投资者必然使其投资效用最大化。在影响因素复杂的情形中，效用函数的评定属于较为特殊的问题，如计算复杂问题简单处理等。房地产投资决策者在风险问题上的态度，并非风险规避，也并非风险偏好，而持有特殊的中立观点来应对风险，也就是其中的效用曲线为特殊的直线。因此，构建房地产投资效用函数：

$$U = u(f_1, f_2, \cdots, f_n) \tag{3-16}$$

式中，U 表示房地产投资效用，f_1, f_2, $\cdots$, f_n 分别表示社会条件、经济条件、市场供求行情和市场潜能等影响因素。

产业的集聚发展增加了产业集聚地区劳动力的需求量，从图 3-2 可以看出，L_{S1} 曲线向上移动至 L_{S2}，在劳动力供给不变的情况下，引起实际工资增加。Fujita（2005）对集聚模型的分析结论是：工人会进入到薪酬更高的区域，避开薪酬低于均值的区域。所以，劳动力人口会向产业集聚的地区转移，L_{D1} 线向右移动至 L_{D2}，劳动力部门达到均衡状态，此时实际工资增加，劳动力人口增加，形成区域人口集聚。

迪帕斯奎尔（2002）在《城市经济学与房地产市场》一书中将区域经济划分为区域产出市场、劳动力市场和房地产市场。劳动力人口的增加会增加消费需求，同时引起消费空间与住房需求的增加，从图3-3可以看出，房地产市场中K_{S1}曲线向上移动，引起房价与租金的上涨。房价与租金的上涨必然引起房地产投资的增加。

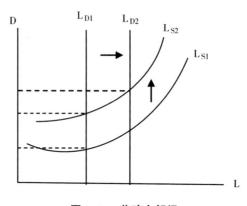

图3-2　劳动力部门

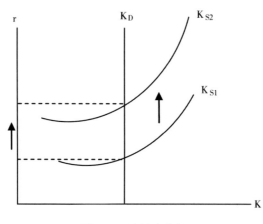

图3-3　房地产市场

对未来的预期是影响房地产投资决策的重要因素，也对投资效用水平产生影响。当未来土地升值潜能较低时，房地产投资者面临的风险增加，从而降低投资效用水平；当土地升值潜能较高时，投资风险降低，投资效用增加。因此，市场潜能与房地产投资效用存在正相关关系。市场潜力函数可以对地区短期的发展水平进行预测，藤田昌久等（2011）定义市场潜力函数为：

$$\Omega(r) = e^{\sigma[(1-\mu)\tau^A - \mu\tau^M]r} \left[\left(\frac{1+\mu}{2}\right) e^{-(\sigma-1)\tau^M r} + \varphi(r, f) \left(\frac{1-\mu}{2}\right) e^{(\sigma-1)\tau^M r} \right]$$

$$(3-17)$$

式中，f 是人口的增函数，通过 $\varphi(r, f)$ 的分母对市场潜力函数产生影响。因此，$\Omega(r)$ 在每个 $r \neq 0$ 的区域内都是 f 的增函数。人口的增长使潜力函数曲线向上移动，房地产投资效用水平提高。

综上所述，房地产投资效用与人口、经济、市场潜能等因素存在正向相关关系。高铁发展导致人口、经济向核心城市（高铁沿线的大城市）空间集聚，使集聚地区（核心城市）市场潜能扩大，引起房价与租金的上涨，便会引起核心城市房地产投资的增加，表现为房地产投资和房地产业规模向核心城市集聚。反之，高铁发展导致人口、经济的空间溢出，市场潜能在空间上溢出，引起高铁沿线中小城市房价与租金的上涨，便会引起沿线中小城市房地产投资的增加，表现为房地产投资和房地产业规模由核心城市向中小城市溢出。

根据空间经济学理论，集聚与溢出是一个动态过程。核心城市聚集到一定程度，必然出现溢出。在房地产发展到一定阶段时，核心城市将面临土地资源稀缺的瓶颈，向核心城市聚集与向中小城市溢出可能同时发生。房地产业空间溢出首先表现在房地产投资的空间溢出，然后才是房地产企业的空间溢出，表现在房地产产业规模（本书用就业规模代表）的空间溢出。

第四章 "高铁流"视角下的中国城市网络层级结构演变研究

第一节 引言

自从卡斯特尔提出"流动空间"概念以后，学术界对静态结构的研究逐渐被要素动态流动所逐步取代。基于不同层面空间结构进行研究，城市之间的关系可以通过"流"数据的刻画，从多种维度表达出来。随着全球化和信息化的推进，城市间的人员、货物、资金和信息在全球范围内加速了流动，地区间联系加深，传统的地方空间被流空间所融合。而对城市交通区位的测度也突破了传统物理空间，更多地从网络组织、交通流等方面入手。

近年来，交通技术的变革促进了高速铁路交通网络的快速扩张。衡量交通区位的过程中，交通运输便捷性、时效性等因素显得更为重要。作为一种新兴的交通方式，高铁不仅缩短了乘客城际出行的时间，还加强了城市之间的连通性。同时，高铁在城市等级和城市群空间重构等方面发挥着越来越重要的作用。由于高铁可以促进人流、物流、资金流、信息流、技术流等要素在城市间的快速流动，高铁已经成为我国城市网络结构研究的重要载体，高铁流成为一种重要的表征方式。截至2017年底，中国高铁里程已占到全球高铁总量的66.3%以上。随着建设进程的推进，高铁节点、线路开通仍在不断增加，网络覆盖将更为全面，中国高铁对城市网络结构的反映也越来越准确。在此背景下，"高铁流"成为研究中国城市网络层次结构演变的重要视角。

在已有的研究中，由于高铁客流数据难以获取，大部分研究都采用高铁列车时刻表数据，用社会网络分析方法对高铁列车频次网络进行刻画。研究发现，自高铁开通以后，有些地区出现了功能分散化趋势。例如，罗震东等（2011，2015）采用高铁列车流数据刻画长三角地区的多中心化程度，发现其内部一体化趋势不断加强，南京和上海有着最强的连接性。在此基础上，冯长春等（2014）使用了同样的方法衡量了珠三角地区的多中心化程度，发现珠三角地区比长三角地区分散。但由于数据获取困难，已有的研究主要关注区域内部。在全国尺度方面，Liu 等（2016）利用列车班次表进行比较研究，发现珠三角地区比长三角地区的城市网络结构集聚性更加明显。Yang 等（2017）使用了高铁客流数据，对 2013 年中国高铁网络进行分析，发现珠三角、长三角和京津冀地区呈多中心化发展趋势。这些研究虽然针对全国尺度，但仅仅采用了一个年度的截面数据，无法动态地衡量高铁流在较大范围内对城市网络层面结构的演变影响。虽然也有研究尝试对多个年份的高铁网络从全国层面进行动态研究，如 Jiao 等（2017）通过 2003~2014 年全国高铁客运数据研究城市网络结构和联结性，焦敬娟等（2016）以 2003~2013 年八个时间截面的铁路客运班次数据为基础，从城市网络的视角探讨高铁建设对城市网络等级结构和集聚性的影响。但由于每年都有新增加的站点和新开通的线路，高铁网络结构很难以统一的标准进行对比，之前研究也并没有就此进行统一的标准化处理。

综上所述，鉴于已有高铁流的研究主要针对区域尺度或全国尺度的截面数据，缺乏对全国层面基于高铁流的动态演化分析。本章采用 2007~2014 年的列车时刻表数据，以地级市为基本单元计算高铁节点、线路强度和熵指标，对全国尺度的高铁网络结构进行研究，并通过标准化的方法解决不同时间维度下节点数量不同和节点联结线路数量不一致的问题，以探究基于高铁流的城市网络结构演化规律。

第二节 数据来源和分析

采用直接联系数据可以准确反映城市间的关联关系，交通流动及空间信息的测量可以通过客运流计算空间联系强度，以分析空间联系的特征。交通运载着作为空间联系微观参与者的人，由于交通客运性具备的功能性和大众性，高铁班次数据能够替代空间联系的"流动数据"。本书采用 Limtanakool 等（2007）的方法构架衡量全国范围内的高铁网络，使用基于"极品时刻表"挖掘的 2007~2014 年全国列车班次数据表，综合两两地级市之间高铁列车的双向运行频率，对拥有两个及以上高铁站点的城市合并数据计算城市节点强度和高铁线路强度。由于"极品时刻表"的离线程序从 2015 年 9 月开始停止更新，所以暂时只能分析 2007~2014 年的全国列车班次数据。截至 2014 年底，数据涵盖了 102 个开通高铁站点的地级市、1979 条高铁线路。所采用的高铁班次数据为 G 字头、D 字头和 C 字头列车班次。

第三节 研究方法

为了准确刻画基于高铁班次的城市网络结构，本章主要涉及了四个指标，分别是优势度指数 DIT_i、相对强度指数 RSL_{ij} 及熵指数 ODI_c 和 ODI_1。这些衡量指标在两个层次上进行定义：一为具体的高铁站点开通地级市节点和高铁开通线路，二为整个高铁网络。

非矢量无向指标优势度指数 DIT_i（式 4–1）用于衡量高铁站点开通城市的节点强度，计算和城市 I 有高铁相互连通关系的班次加总，与除城市 I 外的其他城市高铁班次平均数的比率。相对强度指数 RSL_{ij}（式4-2）衡量两两城市对的线路强度，计算为两两城市对之间的高铁班次与全国高铁总班次的比率。

$$DIT_i = \frac{T_i}{(\sum\limits_{j=1}^{J} T_j / J)} \qquad (i \neq j) \qquad (4-1)$$

$$RSL_{ij} = \frac{t_{ij}}{\sum\limits_{i=1}^{I} \sum\limits_{j=1}^{J} t_{ij}} \qquad (4-2)$$

式中，T_i 是和城市 I 有高铁连通往来的班次总和，其中 $i \neq j$。优势度指数 DIT_i 大于1的城市为主流城市，因为在高铁网络中这些城市的重要性要大于其他城市的平均水平。T_{ij} 是在城市 i 和城市 j 之间开通的高铁班次总和，其中 $i \neq j$。所有两两城市路线的 RSL_{ij} 加总为1，具体某一条线路的值域在0到1之间，值越小说明线路强度越小，即此条线路在总线路中的重要性越低，值越大说明线路强度越大，即此条线路在总线路中的重要性越高。

熵指数 ODI_c 和 ODI_l 可以用于第二个层次，即衡量整个高铁网络的结构。ODI_c（式4-3）用以衡量在高铁网络中的地级市是否均匀地分布。ODI_l（式4-4）是基于线路的总体分布指数，用以衡量高铁网络中的路线（两两城市对之间的联系）是否均匀。

$$ODI_c = -\sum\limits_{i=1}^{I} \frac{(Z_i) \ln (Z_i)}{\ln (I)} \qquad (4-3)$$

$$ODI_l = -\sum\limits_{l=1}^{L} \frac{(Z_l) \ln (Z_l)}{\ln (L)} \qquad (4-4)$$

式中，Z_i 是与城市 I 有关的所有线路占总线路数量的百分比，I 是整个高铁网络中城市的数量。ODI_c 值域在0和1之间。数值0意味着最高程度的非均匀发展城市网络体系。Z_l 是两两城市对之间的线路 l 所拥有的班次之和占据全国总的高铁路线班次的百分比，L 是高铁网络中的城市对数量之和。ODI_l 值域在0和1之间，数值0意味着线路的最高层次阶级划分。

由于在本书中只关注高铁的无向班次信息，并不关注班次的方向矢量，所以仅仅统计两两城市节点之间班次的双向频率。本章的分析也不包括具体节点城市和线路的对称性，这里所做的分析仅仅只是与强度和结构相关的非矢量指标。为了统一标准的对比不同节点、不同线路在不同年度高铁网络下的强度和结构，参照 Derudder 和 Witlox（2009）进行标准化处理。简言之，把所有的指标根据节点和线路进行调整，依据每一年度内的节点强度和线路强度的排序进行转化，以方便在不同年度的截面数据之间进行统一比较。本章强度和结构指标如表4-1所示。

表4-1 强度和结构指标

分类	指数	含义	解释
节点城市			
城市个体	DIT_i	城市节点强度	$DIT_i \in (0, +\infty)$，其中 $DIT_i > 1$ 时，节点城市为一个主要枢纽城市。值越大，城市节点层次越有差异
网络层面	ODI_cN	**城市网络结构标准差**	$ODI_cN \in (0, 1)$，其中 0 为充分均衡分布（无城市网络等级化区别），1 为所有乘客集中在一个城市内（最大节点城市层次差异）
	SDN_DIT_i	**城市网络节点强度标准差**	$SDN\_DIT_i \in (0, 1)$，其中 0 为充分均衡分布（无城市网络等级化区别），1 为所有乘客集中在一个城市内（最大节点城市层次差异）
线路	RSL_{ij}	线路联系强度	$RSL_{ij} \in (0, 1)$，其中高铁网络中所有 RSL_{ij} 值和为 1。RSL_{ij} 值越大越是主流线路，RSL_{ij} 值差距越大越说明路线网络等级化区分大
线路个体	ODI_lN	**路线网络结构标准化**	$ODI_lN \in (0, 1)$，其中 0 为充分均衡分布（无城市对网络等级化区别），1 为所有乘客集中在一条线路内（最大城市网络等级化区别）
网络层面	SDN_RSL_{ij}	**城市网络线路强度标准差**	$SDN\_RSL_{ij} \in (0, 1)$，其中 0 为充分均衡分布（无城市对网络等级化区别），1 为所有乘客集中在一条线路内（最大城市网络等级化区别）

注：标准化的指标以加粗字体标出。

第四节　结果分析

通过中国城市节点、线路强度的计算，发现全国城市网络在高铁的影响下日渐呈现等级层次削弱，分布更为多中心化的趋势，从动态角度分析，说明在高铁网络的影响下，中国城市网络均匀化发展，尤其在东部和中部地区。

一、高铁节点强度

自 2012 年以后，节点强度大于 6 的高铁城市不再出现，取而代之的是越来越多节点强度值小的高铁城市。高铁优势城市主要分布在东部地区，西北地区较少涉及，且这些城市大多集聚在人口密集、经济发达的环渤海、长三角、珠三角，成渝城市群分布较稀疏。节点强度排名靠前的大部分城市都位于长三角或者环渤海地区，其中除 2008 年北京为节点强度最大的城市外，其余年份排名第一的均为上海，而在 2007~2014 年，排名前三的城市也主要位于长三角地区。这表明长三角地区相较于珠三角和环渤海地区，拥有更完善的高铁网络。从高铁列车班次分析，长三角地区和环渤海地区是全国高铁站点城市和线路最为集聚的区域，其次是珠三角地区。这主要是由于中央政府的财政资金为主导投资的高铁项目偏向于跨省而非省内线路。广东是中国最富裕的省份，地方政府承担了珠三角地区 50% 的高铁建设经费。比较而言，长三角和环渤海地区的高铁建设经费中仅有 20%~30% 来自省内自筹。巨额的高铁建设资金也让珠三角地区的高铁建设缓慢。因此，2007~2014 年广州的节点强度提升相对于长三角地区城市排名落后。

在全国范围内，高铁城市网络中的主流城市基本都是一线大城市，如广州、上海、北京等。其次，排名前二十的地级市，除北上广外，大多属于省级或者副省级城市，或者在区域范围内有重要 GDP 贡献及卓越经济地位的区域高铁枢纽中心城市,如天津、南京、武汉、杭州、苏州。高铁网络的等级和城市人口、经济的发展是相辅相成的。位于我国华南、华东、华北的广州、上海和北京,分别作为珠三角、长三角和环渤海地区的代表性城市,经济发达、人口众多、区位优势突出。南京、杭州、苏州、无锡、深圳、武汉、天津、常州这些区域性高铁客运中心城市,则人口较多,经济发展较快。其中,天津是环渤海地区的重要城市之一,除2008年节点强度排名位于前五名外,其余年份排名都在前五名之外。这是由于天津距离北京太近,北京的全国性枢纽地位给天津带来了竞争效应,削弱了天津在整个交通网络中的重要地位。同时,北京的节点强度排名逐年下降,南京的节点强度排名日益增加,说明了长三角地区高铁网络的飞速发展,带来长三角地区时空距离压缩,加速人才、技术、信息、资金、知识经验等在高铁开通城市之间快速移动,长三角地区的一体化提速,并向深度和广度发展。

2007~2014年,排名前二十的城市中,全国性和区域性的高铁客运中心城市占据了绝大多数。其中,大部分的城市都位于长三角地区,其次位于环渤海地区,之后是珠三角地区,中部地区城市逐渐增加,并且节点强度逐渐增强。长三角、环渤海和珠三角地区有着最多的交通枢纽型城市,因此比其他地区更加具备多中心化的特点。

二、高铁线路强度

从2007~2014年排名前二十的高铁开通线路上看,2009年以后,线路强度值为18以上的高铁线路不再出现,线路强度值在1~6的高铁线路则显著增加,排名中没有一条西部线路,而且跨区域的路线也很少。这说明中国的东部地区已经建立起了较为成熟的高铁网络,而中西部地区依然缺乏高铁线路的联结,大部分线路都在长三角、环渤海和珠三角地区,如2007年、2008年、2009年排名第一的广州—深圳线,再如2010年、2011年、2012年排名第一的南京—上海线,还有在2007年和2010年排名第二的南京—上海线,2008年和2009年排名第二的北京—天津线,2013年排名第二的上海—苏州线。这说明高铁促进了区位优势，带来了城市间的强联系。北京和上海作为中国的政治文化和经济中心，有着最强的高铁流线路联结。

以广州、上海和北京三大城市为珠三角、长三角和环渤海区域的代表，这些全国性高铁客运中心与其所在地区的邻近区域性高铁客运中心空间联系最密切，联系程度随时间逐渐降低。广州在 2007 年及 2008 年联系方向主要集中在东南方向的深圳，且联系强度大，在 2009 年以后，联系方向更多的城市集中在北边，且线路强度减弱，说明广州自 2009 年后，联结的高铁线路呈区域化均衡发展。上海在 2007~2012 年，与南京方向联系最强，2012 年后同样呈现更加均衡的周边路线强度分布。相对于广州和上海，北京为中心的高铁空间联系分布比较均匀，东南和西南联系相对较强，也呈现区域化均衡发展的趋势。从高铁网络层次结构演变上体现了北京、上海和广州作为全国重要的高铁客流中心，三大城市控制和支配着全国其他地区，它们分别是政治经济中心，经济最重要的发动机，非常具有活力的区域，其拥有的众多公司总部及首席办事处已成为商界政界及其他精英和人员的联系中心。

综观 8 年线路强度排名前二十的高铁线路，中部地区路线和跨区域路线自 2009 年开始逐渐显现，且逐渐增多，反映出国家的高铁建设进程，正致力于覆盖更广泛的地区，从东部沿海延展到了中部内陆，弥补了长三角与中部地区之间、长三角与沿海之间特别是珠三角与中部地区之间高铁联系几乎空白的缺憾。同时经济发达、人口密集的沿海区域和珠三角地区高铁连通的落后也是东部高铁规划的缺失。除此之外，西部大部分地区旅游资源丰富，作为重要拉动经济的第三产业，加强三大地区与中部地区及西部地区的联系，可以促进西部地区的旅游业和城市经济的增长。

三、网络结构特征演化

为了在时间的维度上比较分析全国城市网络的结构，演化网络结构特征，计算 2007~2014 年城市节点强度标准差（SDN_DIT_i）、标准化后的城市结构（ODI_cN）、高铁线路强度标准差（SDN_RSL_{ij}）、标准化后的线路结构

（ODIiN），结果如表4-2所示。

表4-2 2007~2014年高铁站点开通城市、线路标准差和标准化强度熵

年份	节点			线路		
	SDN_DIT_i	ODI_cN	No. ciites	SDN_RSL_{ij}	ODI_lN	No. links
2007	0.282	0.516	52	0.365	0.512	222
2008	0.278	0.517	59	0.328	0.513	309
2009	0.201	0.529	76	0.188	0.522	594
2010	0.244	0.520	85	0.211	0.517	612
2011	0.261	0.518	90	0.179	0.521	726
2012	0.229	0.523	93	0.166	0.523	882
2013	0.202	0.529	101	0.146	0.525	1254
2014	0.175	0.535	102	0.127	0.527	1979

在表4-2中，更多节点的加入、更多线路的开通反映了从供给面上全国高铁战略的调整。高铁加快了人流、物流和资金流在城市间的流动，各类资源在交通节点、交通干线、交通圈内重新分配，随着高铁影响半径的延长，区域内的联动也更加密切。为研究高铁开通城市与线路的数量，与城市节点熵和高铁线路熵之间的相关关系，图4-1分别以城市、线路数量为横坐标，指标值为纵坐标画图分析；为呈现时间维度下各个指标的变化趋势，图4-2以年度为横坐标，城市节点强度标准差（SDN_DIT_i）、标准化后的城市结构（ODI_cN）、高铁线路强度标准差（SDN_RSL_{ij}）、标准化后的线路结构（ODI_lN）为纵坐标，并配上了趋势线。

本书研究与李琴等（2017）研究的最大不一致特征在于标准化处理后的指标大多呈现随时间降低的趋势。这说明在全国范围进行统一衡量对比，高铁网络虽然在长三角和环渤海地区发展得更完善，但总体上，全国城市网络层次结构呈均质化演变，更加多中心化。这一显著特征不仅反映在区域城市之间，还反映在区域之间。下面分别从节点结构和线路结构上进行分析。

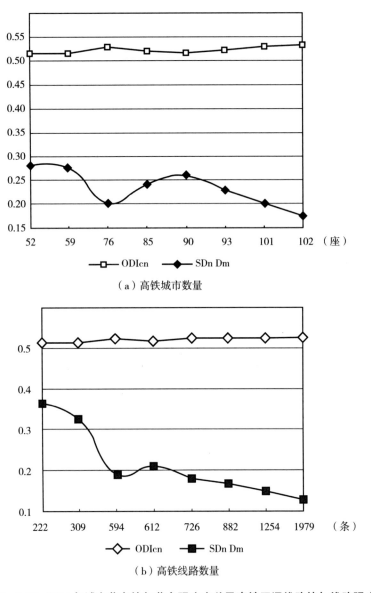

（a）高铁城市数量

（b）高铁线路数量

图4-1 2007~2014年城市节点熵与节点强度方差及高铁开通线路熵与线路强度方差

（一）节点结构

从图4-1（a）中可以看出，自2007年，随着越来越多的城市加入到高铁全国网络中，城市节点强度分布越来越均匀，城市节点强度标准差逐渐减小，以致 2007 年的标准差和 2014 年的标准差相差明显。从 SDn_ DIT$_i$ 逐渐降低的趋势上看，节点城市的数量对于节点强度标准差的影响越来越小，城市网络等级阶层的区别也越来越小，高铁城市之间分布越来越均匀。图 4-2 城市节点强度标准差趋势线的拟合趋于平缓，也反映了以上现象。

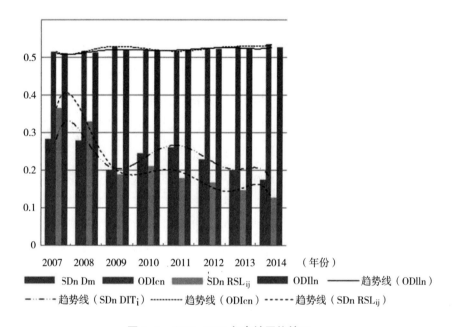

图 4-2 2007~2014 年高铁网络情况

在图 4-2 中，SDn_ DIT$_i$ 的趋势线还显示了 2007 年高铁城市网络结构最具备节点城市等级层次差异，2009 年的 SDn_ DIT$_i$ 趋势线出现波动可以解释为长三角地区高铁网络的迅速发展，加入了更多的经济体量大的城市，如在节点城市排名中一直靠前的上海、南京、苏州，导致 2009 年城市网络体系呈现出一定的等级差异。2007~2014 年，全国城市网络在高铁的影响下等级层次日渐削弱，分布更为多中心化，区域内交通可达性和均质化程度都有所提高。随着高铁列车班次的逐渐增加，新增加的开通站点所在城市大多位于有着强势经济地位的长三角地区，人口和社会经济影响力显著。

（二）线路结构

从高铁路线的角度，由图 4-1（b）可见，随着越来越多的线路开通，线路强度标准差逐渐降低，分布也趋于平缓。总体而言，越多线路加入高铁网络中，城市间的线路结构层次性也就越小，越促进均匀化的城市网络体系发展。图 4-2 的高铁线路强度标准差趋势线的拟合趋于平缓，也反映了以上现象。

同样最具备线路等级层次差异的年份为 2007 年，2009 年出现的波动可以解释为更多运载车辆多的强势路线加入，如南京—上海，上海—苏州，使城市网络体系等级更明显。总体而言，高铁线路强度标准差拟合的趋势线显示出了网络分布上的均质化。新增加开通的线路也大多位于经济地位强势的长三角地区。

总之，从全国范围来看，2007~2014 年的高铁列车班次数据反映出高铁交通运输体系的布局呈现网络化，区域城乡覆盖更广泛，枢纽节点和联结线路增多，高铁的空间分布呈现集聚特征较为明显，以广州、上海、北京为中心的结构突出。在城市群内高铁联系较为紧密的同时，跨区域以及中西部地区高铁联系相对稀疏造成城市群之间高铁联系差异较大。京沪、京广方向的高铁联系较强，但是沪广较弱，缩小中国高铁交通网络发展的东西差异，以及城市群之间差异成为值得进一步关注的问题。

第五节　本章小结

本章使用 2007~2014 年全国高铁班次全样本数据动态地反映一个国家的城市功能网络结构，就高铁对中国城市空间配置产生的影响进行研究。通过不同年份下全国范围内节点和线路的分布，发掘高铁流对城市网络的动态影响性。

随着高铁网络的覆盖逐渐增加，区域内部以及区域间的可达性逐渐加强。更多城市和线路加入到中国高铁网络中，城市网络层级结构均质化发展，覆盖延伸到了更广泛的城乡地区。在高铁网络的影响下，中国城市网络更加多中心化。从具体城市的节点强度值和线路强度值上研究证实，北京、上海和广州是环渤海、长三角和珠三角最主要的高铁优势城市，有效地和周边的城市在高铁网络产生了功能性的互动。高铁城市网络中主流城市和主要线路基本都在长三角、珠三角和环渤海一带。相比其他区域，东部地区在高铁网络的影响下呈现更加均质化的发展，西部地区的发展依然滞后，形成了中国高铁交通网络中西分化的局面。东部、中部和西部城市间的相互联系强度可以通过高铁的发展而加强，高铁也可以在东中西一体化发展中发挥重要作用。开通更多跨区域的高铁路线，尤其加大西部地区高铁网络建设，可以在一定程度上加强三大区域与中部和西部地区之间的联系。东部地区由于高铁带来的可达性提升，最大限度地改变了一个社会经济体中人们出行的行为习惯，同时也促进了聚集经济。与此对比，珠三角地区在三大东部沿海经济发达区域内高铁网络均质化程度相对最低，无论是跨区域还是区域内，高铁联结都较弱，原因在于截至2014年底珠三角地区的高铁建设进程较为滞后，导致强度大的节点和线路数量上也相对较少。珠三角地区从地理位置上更接近中西部地区，增加珠三角地区高铁建设的投入，可以有效地提升西部地区高铁网络的建设。

虽然高铁速度较快而时间成本相对低，却由于票价高于传统铁路运输而货币成本相对高，低收入人群并没有把高铁纳入经常使用的出行方式范畴，如返乡进城务工人员等，因此高铁流更为偏向代表的是中等及以上收入群体的出行结构，加上高铁网络覆盖有限，所以"高铁流"无法充分全面地捕捉到城市对之间的功能性互动，仅关注高铁使用人群（如公务员、商务人士等）所表达的城市网络层次结构。高铁的分布与人口分布具有高度的相关性，且高铁班次数量与城市等级呈正比关系，我国的高铁分布空间集聚特征明显，所以高铁流也更偏向反映城市之间较高等级的联系。针对这些现状，更为完善的高铁网络可以更为全面确凿地反映中国实际的城市网络结构。由于数据有限，本书无法分析 2014 年后高铁网络对中国城市的影响研究。但对于高铁这样一个正在不断建设和完善的交通网络，挖掘 2014 年后的全国高铁列车班次数据，探寻未来城市空间网络结构的演变，成为下一步研究的目标。

第五章　中国高铁对房地产投资空间效应影响的观测与现实特征

第一节　高铁开通前后全国省域房地产开发投资空间分布特征

一、高铁开通前后房地产开发投资完成额空间分布特征

本章选取房地产投资完成额和房地产就业人员数量，分别从房地产公司投资开发已经完成的费用额度和专业人员集聚的角度分析高铁发展对全国各省房地产开发投资的影响。

（一）高铁开通前房地产开发投资完成额空间分布特征

由于我国第一条新建设的高铁线路（北京—天津）在 2008 年竣工运营，2008 年标志着中国从此步入"高铁时代"。2007 年作为高铁建设开通前的研究年份，该年份房地产开发完成额排名和占比（该省当年房地产开发投资完成额除以全国当年房地产开发投资完成额总和）如表 5-1 和图 5-1 所示。

表 5-1 2007 年全国省域房地产开发完成额排名

排名	地区	排名	地区	排名	地区
1	广东	11	重庆	21	江西
2	江苏	12	河南	22	云南
3	北京	13	湖南	23	黑龙江
4	浙江	14	湖北	24	山西
5	山东	15	河北	25	贵州
6	辽宁	16	广西	26	新疆
7	四川	17	陕西	27	甘肃
8	上海	18	天津	28	海南
9	福建	19	内蒙古	29	宁夏
10	安徽	20	吉林	30	青海
				31	西藏

资料来源：中经网统计数据库。

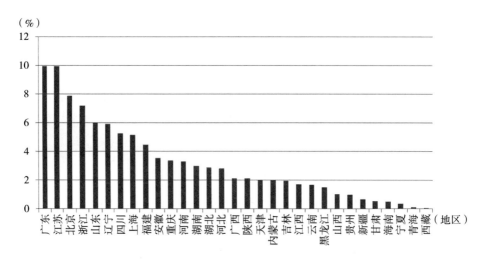

图 5-1 2007 年全国房地产开发投资完成额省级占比

2007 年高铁开通前全国房地产自开始建设至当年底累计投资完成额、房地产就业人员和房地产开发企业个数，均呈现从东南沿海到西北内陆的递减现象。其中，房地产投资完成额最高的是广东，其次为江苏，北京位列第三。在排名前十的省份中，除四川和安徽以外，所有省份都位于东南沿海地带。与此相比，在排名后十的省份中，几乎所有的省份都位于西部地区。从房地产开发完成额的省级占比情况来看，东西地区两极分化较大，东南沿海和首都地区与内陆城市差距较大。

（二）高铁开通后房地产开发投资完成额空间分布特征

以 2016 年作为对照年份，研究高铁建设开通后房地产投资完成额空间分布。由于 2016 年 7 月，国家发改委再次修编《中长期铁路网规划（2016—2025 年）》，由"四纵四横"变更为"八纵八横"，意味着我国高铁网络要覆盖 80% 以上常住人口为 100 万以上的城市，中国彻底成为世界领先的"高铁国家"。2016 年房地产投资完成额排名和占比（该省当年房地产开发投资完成额除以全国当年房地产开发投资完成额总和）如表 5-2 和图 5-2 所示。

表 5-2 2016 年全国省域房地产开发完成额排名

排名	地区	排名	地区	排名	地区
1	广东	12	重庆	23	山西
2	江苏	13	上海	24	内蒙古
3	浙江	14	湖南	25	吉林
4	山东	15	陕西	26	新疆
5	河南	16	云南	27	黑龙江
6	四川	17	广西	28	甘肃
7	河北	18	天津	29	宁夏
8	安徽	19	贵州	30	青海
9	福建	20	辽宁	31	西藏
10	湖北	21	海南		
11	北京	22	江西		

资料来源：中经网统计数据库。

2016 年房地产自开始建设至本年底累计完成投资额依然是广东领先；其

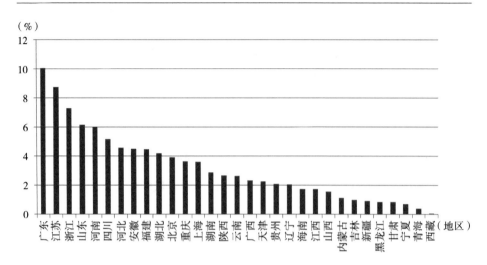

图5-2　2016年全国房地产开发投资完成额省级占比

次是江苏，位列第三的是浙江。从全国省级房地产开发完成额排名情况来看，排名前十的省份中，中部省份占比增多。在排名后十的省份中，依然大部分都是西部地区。相比高铁建设开通前的2007年，由相对集聚变为较为扩散，从东南沿海扩散至内陆地区。全国总体房地产开发投资完成额分布较均匀，且各个省份的投资总量均呈现下降趋势。这也反映了国家对房地产总体调控的趋势和力度，自2010年，中央对房地产进行严厉的宏观调控，后续一直按照保持房价基本稳定的原则，调整控调目标。自2016年开始，"930新政"让大多数城市的房地产市场都画上了休止符，全年房地产市场呈现交易量减少，房地产市场发展呈现平稳的趋势，房地产投资持续减少。甚至有的省份出现了房地产开发投资完成额的负增长情况。

（三）高铁开通前后房地产开发投资完成额变化特征

从2007~2016年房地产开发投资完成额变化来看（见表5-3），海南为11年中变化幅度最大的省份。房地产开发投资完成额各个省份的变化在这11年中，中西部省份变化幅度较东部沿海地区更大，东部沿海地区和一些中部人口大省房地产投资完成额变化甚至已经为负数，即2016年该省份的房地产开发投资完成额在 2007 年的基础上有所下降（见图 5-3）。可以看出，全国房地产开发投资完成额正呈现自东向西空间分布越来越均衡的趋势。

表 5-3 2007~2016 年全国省域房地产开发完成额变化排名

排名	地区	排名	地区	排名	地区
1	海南	12	安徽	23	四川
2	青海	13	陕西	24	湖南
3	贵州	14	天津	25	江苏
4	宁夏	15	广西	26	上海
5	河南	16	重庆	27	内蒙古
6	河北	17	山东	28	黑龙江
7	云南	18	西藏	29	吉林
8	甘肃	19	浙江	30	北京
9	山西	20	广东	31	辽宁
10	湖北	21	江西		
11	新疆	22	福建		

资料来源：中经网统计数据库。

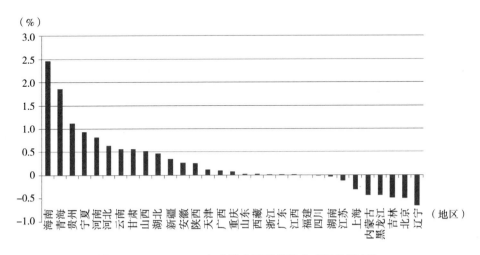

图 5-3 2007~2016 年房地产开发投资完成额省级变化

二、高铁开通前后房地产从业人数空间分布特征

（一）高铁开通前房地产从业人数空间分布特征

同样以 2007 年作为高铁建设开通前研究房地产从业人员空间分布的代表性年份。该年份房地产从业人数排名和占比（该省当年房地产从业人数除以全国当年房地产从业人数总和）如表 5-4 和图 5-4 所示。

表 5-4　2007 年全国省域房地产从业人数排名

排名	地区	排名	地区	排名	地区
1	广东	12	安徽	23	贵州
2	山东	13	河南	24	天津
3	四川	14	辽宁	25	吉林
4	江苏	15	江西	26	新疆
5	上海	16	河北	27	甘肃
6	北京	17	广西	28	海南
7	重庆	18	云南	29	宁夏
8	浙江	19	内蒙古	30	青海
9	湖北	20	黑龙江	31	西藏
10	湖南	21	山西		
11	福建	22	陕西		

资料来源：中经网统计数据库。

在 2007 年房地产开发企业从业人员中，广东依然排名第一，其次是山东，接下来是四川、江苏和上海。在排名前十的省份中，四川、重庆为中西部地区人口大省，湖南、湖北也为中部省份中人口较多、经济较发达的省份。在排名后十的省份中，除天津，其余都为西部省份。天津因其为港口城市，受北京首都影响较大，且工业制造业较为发达，导致房地产业从业人数相对较低。可见，房地产开发企业从业人员不同于房地产开发投资完成额，大部分省份尤其是中部地区人口较多的省份从业人员集中，虽然东南沿海地区尤其是广东从业人员集聚，但从 2007 年的总体情况看，从业人员相较房地产开发投资完成额更为分散，且在不同省份之间分布较房地产开发投资完成额更为平均。

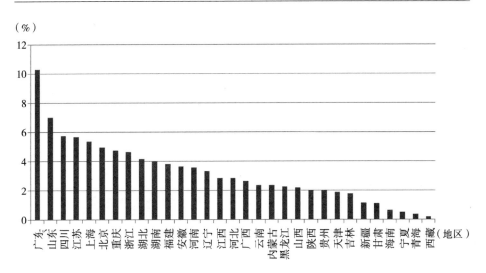

图 5-4　2007 年全国房地产从业人数省级占比

（二）高铁开通后房地产从业人数空间分布特征

同样以 2016 年作为对照年份，研究高铁建设开通后房地产开发企业从业人数空间分布。2016 年房地产从业人数排名和占比如表 5-5 和图 5-5 所示。

表 5-5　2016 年全国省域房地产从业人数排名

排名	地区	排名	地区	排名	地区
1	广东	12	福建	23	吉林
2	山东	13	北京	24	甘肃
3	河南	14	陕西	25	新疆
4	江苏	15	贵州	26	内蒙古
5	四川	16	广西	27	黑龙江
6	湖北	17	云南	28	天津
7	湖南	18	江西	29	宁夏
8	浙江	19	辽宁	30	青海
9	河北	20	上海	31	西藏
10	安徽	21	山西		
11	重庆	22	海南		

资料来源：中经网统计数据库。

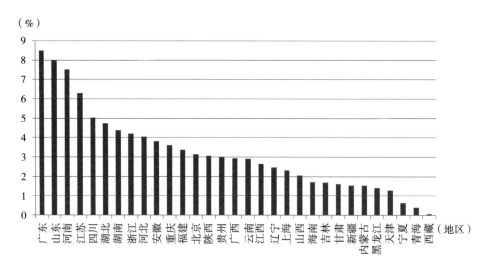

图 5-5　2016 年全国房地产从业人数省级占比

从 2016 年房地产开发企业从业人数在全国分布趋势来看，广东、山东和河南 3 省排名前三；在排名前十的省份中有五个省份为内陆省；在排名后十的省份中，依然除天津外，其余都为西部省份。和高铁建设开通前的 2007 年相比，全国房地产开发企业从业人数都出现了急剧的上升，2016 年从业人员整体空间分布比 2007 年同样更加均衡了。

（三）高铁开通前后房地产从业人数变化特征

综观表 5-6，2007~2016 年房地产从业人数在全国省域范围内的变化，海南依然是变化幅度最大的省份。较房地产开发投资完成额，如河南和山东的中部地区省份也位列从业人数变化幅度最大的前十排名中，呈现明显的上升趋势。在呈现下降趋势的省份中，依然是东部沿海和京津冀省份占据多数（见图 5-6）。从房地产从业人数变化的角度上同样可以观测到我国房地产从业人数自东向西更加均衡的空间分布趋势。

表 5-6　2007~2016 年全国省域房地产从业人数变化排名

排名	地区	排名	地区	排名	地区
1	海南	12	江苏	23	广东
2	河南	13	广西	24	重庆
3	陕西	14	湖南	25	辽宁
4	贵州	15	青海	26	天津
5	甘肃	16	安徽	27	内蒙古
6	河北	17	吉林	28	北京
7	新疆	18	山西	29	黑龙江
8	宁夏	19	江西	30	上海
9	云南	20	浙江	31	西藏
10	山东	21	福建		
11	湖北	22	四川		

资料来源：中经网统计数据库。

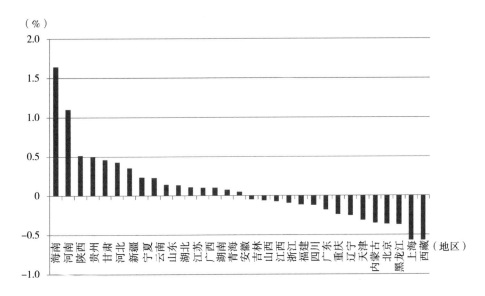

图 5-6　2007~2016 年全国房地产从业人数变化

第二节 高铁开通前后站点地级市房地产
指标的变动特征

为了更明确在 2007~2016 年随着高铁开通，具体的高铁站点开通的地级市房地产市场发展情况，本节按照 2018 年发布的中国城市新分级名单对 210 个地级市进行城市等级分级，从中经网统计数据库、中国城市年鉴等收集了 210 个地级市 2007~2016 年的商品房平均售价，用各个地级市测算的节点强度数据落实了截至 2017 年，有高铁站点开通的 210 个地级市具体开通站点的年份（若节点强度为 0，则说明当年对应地级市未开通高铁站点）。如果地级市在 2007 年已有高铁站点开通（默认该地级市高铁开通年份为 2007 年），用这 210 个地级市各自高铁开通后一年的商品房均价减去高铁开通前一年的商品房均价，除以高铁开通前一年商品房均价，以此计算该地级市商品房房价变化幅度。同理，以相同的方法计算地级市房地产开发投资完成额变化幅度和房地产从业人员数量变化幅度。排出 210 个高铁城市高铁开通前后房价变化、投资开发完成额变化和从业人员数量变化的前二十名，如表 5-7 所示。

表 5-7 高铁开通前后站点地级市房地产指标变动排名

排名	房价变化			投资开发完成额变化			从业人员数量变化		
	城市	开通时间（年）	等级	城市	开通时间（年）	等级	城市	开通时间（年）	等级
1	常州	2007	二线	汕尾	2015	四线	嘉峪关	2015	五线
2	盘锦	2007	四线	盘锦	2007	四线	吉林	2011	三线
3	温州	2009	二线	三门峡	2010	五线	黄石	2010	四线
4	上饶	2007	三线	铁岭	2008	五线	汕尾	2015	四线
5	岳阳	2007	三线	咸宁	2007	四线	运城	2015	四线

续表

排名	房价变化			投资开发完成额变化			从业人员数量变化		
	城市	开通时间（年）	等级	城市	开通时间（年）	等级	城市	开通时间（年）	等级
6	锦州	2007	四线	铜仁	2015	四线	沧州	2008	三线
7	宁波	2009	一线	信阳	2007	三线	襄阳	2011	三线
8	哈尔滨	2007	二线	沧州	2008	三线	安庆	2016	四线
9	重庆	2009	一线	德州	2007	四线	南平	2015	四线
10	泰安	2011	四线	玉溪	2016	四线	绍兴	2009	二线
11	衡阳	2009	三线	南平	2015	四线	韶关	2009	四线
12	佛山	2017	二线	唐山	2009	三线	十堰	2009	四线
13	达州	2010	五线	邯郸	2007	三线	阳泉	2009	五线
14	天水	2017	五线	玉林	2016	四线	珠海	2013	三线
15	定西	2017	五线	徐州	2007	二线	孝感	2007	四线
16	孝感	2007	四线	枣庄	2009	四线	福州	2009	二线
17	太原	2009	二线	白城	2017	五线	铜仁	2015	四线
18	安阳	2007	四线	新乡	2007	三线	商丘	2015	三线
19	吉林	2011	三线	吉林	2011	三线	桂林	2015	三线
20	福州	2009	二线	吐鲁番	2015	五线	恩施	2015	五线

由以上排名情况可知，无论是2007~2016年210个地级市的高铁开通前后房价变化、投资开发完成额变化还是从业人员数量变化，变化幅度最大的前五位均为三线以及三线以下城市。可见高铁的开通对小城市的影响大于大城市。

具体从210个地级市高铁开通前后商品房均价变动度（见图5-7）、房地产开发投资完成额变动度（见图5-8）和房地产就业人员数变动度（见图5-9）来看，依然存在增长和减少两种趋势。房地产就业人员数的平均变动度大于房地产开发投资完成额的平均变动度，房地产开发投资完成额的平均变动度大于商品房均价的变动度。尽管本书选择了具体地级市高铁开通的前后一年作为不同地级市的指标变动测算时间段，但房地产业是一个集多种复杂因素于一体的综合体，虽然可以观测具体地级市在高铁开通前后两年的房地产指标变化程度，但依然需要综合多方面因素分析其变动的现实特征。

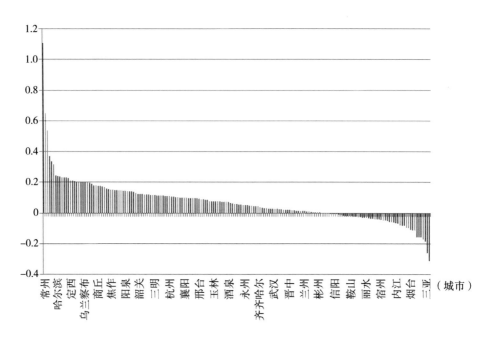

图 5-7　高铁开通前后地级市商品房均价变动度

第三节　高铁影响下站点城市交通网络结构及
房地产业的空间格局变化

自从 1998 年住房分配货币化政策提出后，我国房地产走向了市场化的道路。随着城市化的进程加深，购房需求量日益飞涨。与此同时，房地产整体

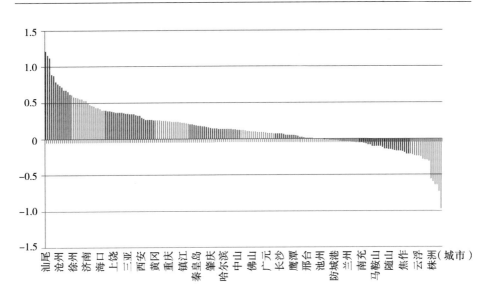

图5-8　高铁开通前后地级市房地产开发投资完成额变动度

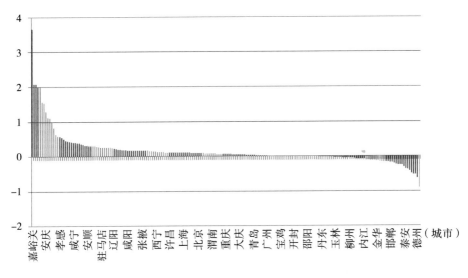

图5-9　高铁开通前后地级市房地产就业人员数变动度

规模不断增大，且在全社会固定投资额中，房地产开发投资额度占据了较高的比重，房地产业从业人数也成为我国触及从业人数最多的行业之一。房地产投资完成额和房地产从业人数可以分别从房地产开发公司开发、投资、建设、经营实施的费用角度和房地产业专业人员就业数量的角度，分析高铁城市的房地产开发投资。资金和人员也是透析一个行业的两个最好角度，任何一个行业的发展都离不开资金的投融和专业人员的技术支持。

以 210 个截至 2017 年高铁站点开通地级市的房地产开发投资完成额和房地产业就业人员数分别为纵轴，2007~2017 年 11 个年度为横轴，得到图5-10和图 5-11。

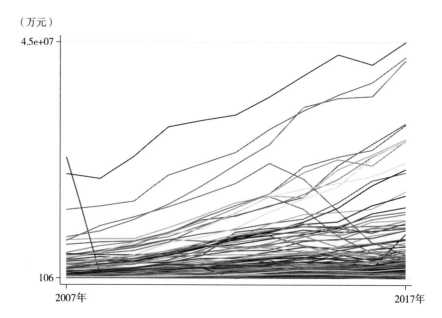

图 5-10　2007~2017 年高铁站点开通地级市房地产开发投资完成额时间序列叠加

如图 5-10 和图 5-11 所示，各个地级市房地产开发投资完成额和房地产业就业人员数都出现了递增趋势。尤其在 2010 年以后，我国城市房地产的发展差异逐年显现，从而一、二线城市和三、四线城市之间拉开了距离。房地产业在区域发展得不均衡，在东西差异上越发凸显。本节接下来以中国高铁

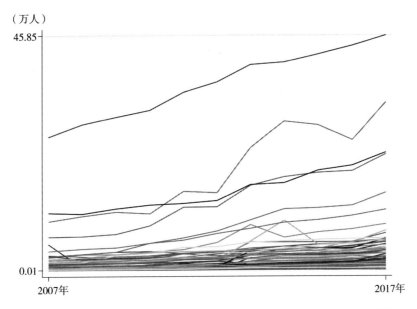

（万人）

45.85

0.01

2007年　　　　　　　　　　　　　　　　　　　　　　　2017年

图 5-11　2007~2017 年高铁站点开通地级市房地产从业人数时间序列叠加

站点开通地级市节点熵指数的测算，先衡量地级市之间城市阶级的变化，再用区位熵分析我国高铁站点开通地级市房地产的空间分布特征，以进一步分析房地产产业在各个地区的聚集情况。

一、站点城市高铁交通网络结构的测算

为了分析中国的高铁和城市网络的空间结构，我们运用 Yang 等（2017）的方法衡量 2007~2017 年中国的高铁站点开通地级市是否发生了在交通网络系统中分布的变化。城市节点熵指数ODI_c是一个可对城市交通网络结构进行衡量的指数，用ODI_c可以衡量一个高铁站点开通地级市，作为交通网络中的节点，是否和其他节点城市一样均匀地分布在交通网络系统中，以及是否每一个节点的强度大小都一样。ODI_c范围为 0 到 1，0 意味着最高的城市阶层划分，用这个指数可以研究房地产开发投资的集聚性和高铁开通城市的节点强度相关性。

ODI$_c$（式5-1）可以计算用以衡量在高铁网络中的地级市是否均匀地分布。其中，Z_i是与城市 I 有关的所有线路占总线路数量的百分比，I 是整个高铁网络中城市的数量。ODI$_c$ 值域在 0 和 1 之间。数值 0 意味着最高程度的非均匀发展城市网络体系。数值 1 意味着最高程度的均衡发展城市高铁网络体系。

$$ODI_c = -\sum_{i=1}^{I} \frac{(Z_i)\ln(Z_i)}{\ln(I)} \qquad (5-1)$$

由于本章的数据包括了 8 年的 210 个地级市节点信息和线路信息，而每一年由于新开通的路线加入，新增加的站点加入，所以很难以统一的标准对比衡量不同节点不同线路在不同年代的强度和结构。本书首先对所有的站点开通地级市和高铁开通线路进行强度排序，其次找到排序前和排序后的节点和线路的标准差，同时进行标准化处理。具体的计算过程参照 Derudder 和 Witlox（2009）。简言之，把所有的指标根据节点和线路进行调整，依据每一年度内的节点强度和线路强度的排序进行转化，以方便在不同年度的截面数据之间进行比较。

为了解在一个城市中高铁站点的开通在时间的维度上怎样影响全国城市网络的结构，把高铁站点开通的城市和高铁开通线路自 2007~2017 年分别罗列计算结果如表 5-8 所示：

表 5-8 2007~2017 年高铁交通网络节点熵指数

年份	标准化后的城市结构 ODI$_c$	城市数量（座）
2007	0.078	52
2008	0.074	59
2009	0.060	76
2010	0.061	85
2011	0.060	90
2012	0.884	93
2013	0.904	101

年份	标准化后的城市结构 ODI_c	城市数量（座）
2014	0.923	102
2015	0.908	170
2016	0.905	189
2017	0.911	210

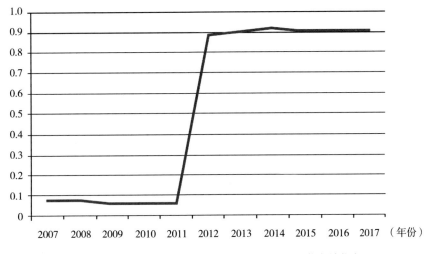

图5-12　2007~2017年高铁站点开通地级市节点熵指数

从图5-12可见，11年间，ODI指数越来越大，说明截至2017年开通高铁站点的各个地级市，由于高铁线路和高铁开通地级市的增加，城市阶层划分越来越均匀。由于高铁提速和高铁覆盖网络的更广更全面，城市之间交通网络的发展也越来越平衡。

其中，2011~2012年出现了一次飞跃，ODI指数由趋近0，跨越到趋近1。由不均衡发展的城市高铁网络体系迅速靠近至均衡发展的城市高铁网络体系。究其原因，首先，2011年作为我国铁路发展历程的重要节点，中国铁路放慢了发展的脚步。其次，经历了2011年的徘徊期，2012年投产新线是2011年的3倍多，其中6366千米的铁路新线中包括了7条高铁，高铁总里程

3400 千米。截至 2012 年底，中国高铁无论是运营里程、时速、在建规模还是发展速度，均位居世界第一。作为中国高铁历史上重要的一年，2012 年，世界上第一条穿越高寒地区的高铁线路"哈大"高铁开通，京广铁路相继开通。随后的 2013~2017 年，我国高铁均呈现迅猛发展的趋势，导致高铁网络结构出现了和 2007~2011 年所不同的均衡化发展。

二、中国高铁城市房地产从业人员区位熵指数的测算

为了进一步分析房地产产业就业人员在各个地区的聚集情况，了解房地产业在高铁城市的专业化程度，使用房地产就业人员的区位熵指数，从行业就业人员流动性方面分析我国房地产业的空间分布特征，具体的分析公式如下：

$$LQ_{ij} = \frac{q_{ij}/q_j}{q_i/q} \tag{5-2}$$

式中，LQ_{ij} 代表 j 区域的 i 行业在全国范围中的区位熵，q_{ij} 为 j 区域的 i 行业指标，以房地产行业从业人员为代表；q_j 作为 j 区域的各项产业指标，为 j 区域全体就业者的数目；q_i 作为 i 行业在全国领域的各项指标，即全国房地产行业从业人员数量的总和；q 是全国全部产业的有关指标，q 为年度总就业人员的数目。$LQ_{ij}>1$ 表示 j 城市的房地产在全国具有优势地位。LQ_{ij} 值越大，j 地区房地产业的集聚水平越高。

本章以 210 个截至 2017 年底开通高铁的地级市为样本，计算了 2007~2017 年各个地级市的房地产从业人员区位熵，得到表 5-9。

表 5-9　2007~2017 年全国高铁站点开通城市房地产从业人员区位熵排名

排名	2007 年	2008 年	2009 年	2010 年	2011 年	2012 年
1	阳江	阳江	咸宁	海口	驻马店	驻马店
2	梧州	三亚	阳江	阳江	三亚	三亚
3	深圳	深圳	三亚	三亚	开封	海口
4	茂名	海口	海口	驻马店	北京	丹东

续表

排名	2007 年	2008 年	2009 年	2010 年	2011 年	2012 年
5	海口	梧州	深圳	深圳	深圳	北京
6	北京	北京	驻马店	北京	海口	宜昌
7	贵阳	廊坊	北京	长沙	宜昌	开封
8	永州	厦门	开封	梧州	长沙	深圳
9	遂宁	长沙	梧州	廊坊	广州	贵阳
10	株洲	邵阳	长沙	宜昌	丹东	长沙
11	长沙	驻马店	厦门	贵阳	嘉兴	广州
12	驻马店	贵阳	遂宁	遂宁	贵阳	松原
13	福州	遂宁	福州	厦门	松原	大连
14	厦门	茂名	廊坊	广州	大连	淮南
15	广州	广州	铁岭	丹东	株洲	嘉兴
16	三亚	嘉兴	贵阳	株洲	淮南	德州
17	安顺	乌鲁木齐	嘉兴	福州	渭南	株洲
18	乌鲁木齐	大连	大连	大连	遂宁	昆明
19	廊坊	郑州	广州	开封	昆明	许昌
20	益阳	上海	西宁	嘉兴	西安	哈尔滨

排名	2013 年	2014 年	2015 年	2016 年	2017 年	
1	三亚	三亚	海口	昆明	昆明	
2	海口	海口	三亚	三亚	海口	
3	北京	广州	丹东	海口	三亚	
4	广州	丹东	广州	绵阳	玉溪	
5	玉溪	北京	北京	玉溪	丹东	
6	丹东	玉溪	玉溪	丹东	绵阳	
7	贵阳	大连	株洲	广州	广州	
8	长沙	烟台	烟台	株洲	烟台	
9	大连	长沙	大连	北京	北京	
10	上海	昆明	漳州	驻马店	六安	
11	株洲	贵阳	长沙	安顺	兰州	
12	烟台	龙岩	驻马店	贵阳	贵阳	
13	梧州	漳州	贵阳	安庆	唐山	

排名	2013 年	2014 年	2015 年	2016 年	2017 年
14	珠海	上海	许昌	烟台	安庆
15	嘉兴	株洲	深圳	兰州	漳州
16	深圳	珠海	昆明	鄂尔多斯	珠海
17	淮南	驻马店	淮南	深圳	龙岩
18	昆明	淮南	上海	长沙	株洲
19	德州	兰州	珠海	珠海	安顺
20	漳州	许昌	兰州	漳州	延安

由表 5-9 可见，所有房地产从业人员区位熵前两名排名的地级市均为二、三线城市，其中的原因也与这些城市的房地产业相对于其他产业在该城市的重要程度有关系。例如，三亚和昆明，均为全国知名的旅游城市，工业化程度不高，其他非第三产业发展不具备优势。但旅游业带动地产业繁荣，导致在这些城市中，房地产业成为人们最大的就业行业之一。国家实行供给侧结构性改革，产能压缩，二、三线城市中的很多传统老旧工业受到影响，进一步凸显了第三产业的繁荣。昆明在 2016~2017 年倡导建设健康生活目的地，加强健康养生型房地产业的发展。

相较于很多一线城市由于工业化程度较高，人们就业选择范围较广，房地产从业人数不具备优势地位，反而排名较为落后。通过房地产从业人员区位熵，可以比较分析全国高铁城市在 2007~2017 年中房地产从业人员的集聚程度，和房地产业在高铁城市的专业化程度。为了便于分析，图 5-13~图 5-18 展现了 2007 年、2009 年、2011 年、2013 年、2015 年和 2017 年的高铁城市房地产从业人员区域熵排名。

由图 5-13~图 5-14 可见，2007 年的全国高铁城市房地产从业人员区位熵值大于 1 的城市是最多的，接下来逐年减少，至 2013 年，全国高铁城市房地产从业人员区位熵值大于 1 的城市数量仅仅只为 2013 年前数量的一半以下。说明从专业人员集聚程度来看，高铁城市房地产从业人员经历了由交通的便捷带来的逐渐分散过程。房地产从业人员越来越均衡分布，与城市间交

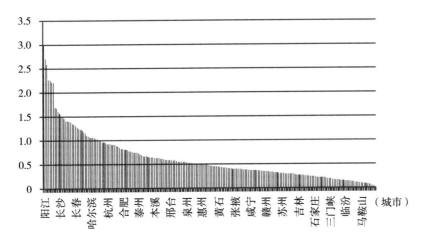

图5-13　2007年高铁站点开通地级市房地产从业人员区位熵指数

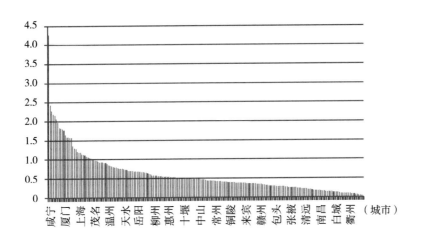

图5-14　2009年高铁站点开通地级市房地产从业人员区位熵指数

通网络越来越均衡的发展密不可分。

　　房地产业近年整体发展迅猛，随着部分地区房价快速上涨、库存量的增加，房地产开发企业根据资金流动、销售情况等对投资方向与投资计划做出调整。地方政府通过出台一系列住房保障制度对房地产开发投资产生短期影响，但从长期来看，在市场经济下，房地产开发企业会选择使其利润最大化

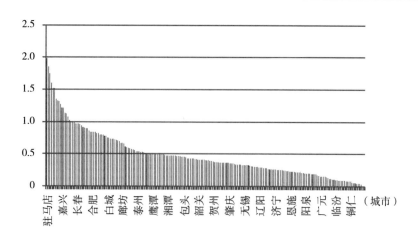

图 5-15　2011 年高铁站点开通地级市房地产从业人员区位熵指数

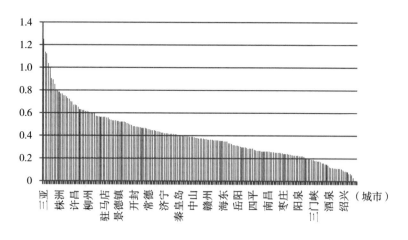

图 5-16　2013 年高铁站点开通地级市房地产从业人员区位熵指数

的投资决策。各地区发展水平、市场潜能等因素的差异，也将影响房地产开发企业在空间上的投资决策。而这些进一步导致房地产从业人员的流动，形成房地产从业人员不同的空间分布特征。总体而言，从全国高铁城市房地产从业人员区位熵的测算上可以看到我国房地产开发投资越来越均衡的趋势，这也离不开国家的宏观调控和市场经济的综合因素影响。

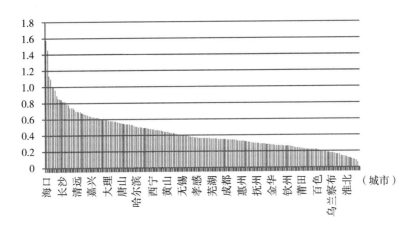

图 5-17　2015 年高铁站点开通地级市房地产从业人员区位熵指数

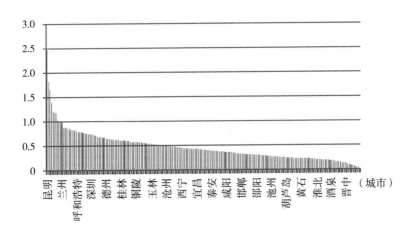

图 5-18　2017 年高铁站点开通地级市房地产从业人员区位熵指数

第四节　高铁城市节点强度的实证研究

本节在国家和地区范围衡量高铁的配置情况，同时，使用2007~2017年的全国高铁时刻表数据。根据Limtanakool等（2007）的研究框架和方法，计算优势度指数DIT_i，来说明单个城市作为节点的强度。它的计算方式为，城市I和其他城市的相互联系总和，除以交通网络中其他城市对的相互联系总和（I城市除外）：

$$DIT_i = \frac{T_i}{(\sum_{j=1}^{J} T_j / J)} \tag{5-3}$$

式中，T_i是和城市I有高铁连通往来的班次总和，$i \neq j$。优势度指数DIT_i大于1的城市为主流城市，因为在高铁网络中这些城市的重要性要大于其他城市。

为了量化衡量高铁城市交通网络的改变，从12306 App软件的离线程序包"极品时刻表"中挖掘列车时刻表数据，提取了两两城市对的高铁班次频率矩阵。使用地级市节点强度解释我国各个高铁开通地级市房地产开发投资完成额的好处在于，可以量化衡量由于交通方式的改变，即由于高铁线路的开通，所带来的高铁开通站点地级市在交通运输系统中节点强度的改变对于房地产投资完成额的影响有多大。同时，由于提取的矩阵是面板数据，除可以进行不同高铁开通站点在同一个时间面上的截面数据分析，还可以在一个时间范围内进行纵向变化比较。以年份为横坐标，DIT的值为纵坐标作图分析高铁城市节点强度变化趋势，如图5-19所示。

2007~2017年高铁站点开通的210个地级市大部分呈现波动状况，而DIT值较小的部分地级市节点强度值则呈现递增。

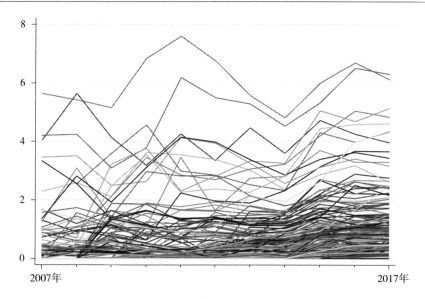

图 5-19　2007~2017 年高铁站点开通地级市节点强度时间序列叠加

表 5-10　2007~2017 年高铁站点开通地级市节点强度描述性统计

地级市节点强度	均值	标准差	最小值	最大值
总体	0.5320839	0.9669978	0	7.601906
组间		0.8760949	0	6.055264
组内		0.4133602	-1.983927	2.814449

对 2007~2017 年地级市节点强度做描述性统计，以年度为组别划分，共分为 11 组，其中每组内有 210 个地级市。表 5-10 显示，变量 DIT 的组内标准差为 0.4133602，组间标准差为 0.8760949，说明 DIT 值由于地级市与地级市之间的不同造成的差别，要大于由于年度与年度的不同而造成的差别。

基于全国范围的高铁网络，从高铁开通站点节点地级市和高铁开通线路上分析，针对每一年的数据，保留原始指标值排序，分析整个高铁网络在不同年份的层次结构。表 5-11 罗列了 2007~2017 年的高铁站点开通地级市节点强度前二十。

表 5-11　全国城市网络高铁开通站点地级市节点强度排名

排名	2007 年	2008 年	2009 年	2010 年	2011 年	2012 年
1	上海	北京	上海	上海	上海	上海
2	南京	上海	北京	广州	南京	南京
3	北京	南京	广州	南京	北京	苏州
4	无锡	无锡	武汉	武汉	苏州	无锡
5	广州	天津	南京	常州	无锡	常州
6	深圳	苏州	无锡	长沙	常州	北京
7	常州	常州	长沙	杭州	济南	广州
8	石家庄	广州	常州	北京	广州	镇江
9	郑州	深圳	杭州	苏州	杭州	武汉
10	镇江	镇江	苏州	镇江	镇江	杭州
11	苏州	青岛	衡阳	无锡	武汉	长沙
12	保定	潍坊	石家庄	福州	长沙	徐州
13	天津	郑州	岳阳	宁波	徐州	福州
14	安阳	淄博	济南	温州	福州	天津
15	潍坊	石家庄	株洲	衡阳	温州	温州
16	武汉	济南	天津	郴州	天津	济南
17	淄博	沈阳	镇江	韶关	宁波	宁波
18	济南	蚌埠	郴州	台州	嘉兴	沈阳
19	信阳	徐州	温州	岳阳	台州	合肥
20	杭州	德州	宁波	厦门	韶关	郴州

排名	2013 年	2014 年	2015 年	2016 年	2017 年
1	上海	上海	上海	上海	南京
2	南京	南京	南京	南京	上海
3	北京	北京	武汉	杭州	武汉
4	苏州	武汉	北京	武汉	杭州
5	武汉	杭州	长沙	长沙	长沙
6	无锡	苏州	广州	北京	广州
7	杭州	长沙	杭州	郑州	郑州
8	常州	济南	济南	广州	北京
9	济南	无锡	苏州	徐州	徐州

续表

排名	2013 年	2014 年	2015 年	2016 年	2017 年
10	广州	常州	徐州	苏州	苏州
11	长沙	广州	无锡	无锡	济南
12	宁波	徐州	常州	济南	无锡
13	镇江	郑州	合肥	常州	南昌
14	郑州	宁波	深圳	南昌	天津
15	徐州	镇江	郑州	天津	常州
16	绍兴	天津	福州	镇江	西安
17	福州	绍兴	天津	上饶	福州
18	天津	石家庄	南昌	金华	上饶
19	石家庄	合肥	厦门	合肥	合肥
20	温州	南昌	镇江	石家庄	石家庄

表中城市大部分都位于长三角或者环渤海一带，其中除 2008 年北京为节点强度最大的城市外，其余年份排名第一的均为长三角地区的上海，而且排名前三的城市大部分都在长三角地区。这充分说明了在 2007~2017 年，长三角地区相较于珠三角和环渤海地区具备更成熟的高铁网络。长三角地区的高铁发展领先于珠三角地区和环渤海地区。

在全国范围内，高铁城市网络中的主流城市基本都是一线大城市。这些在 2007~2017 年中排名前二十的地级市，除一、二线城市外，大多是省级或者副省级城市，或者在区域范围内有很重要 GDP 贡献、有卓越经济地位的城市。可见，高铁网络的发展和城市经济的发展是相辅相成的，越是经济地位显著的城市，在高铁网络中越为重要节点，而越是节点强度大的城市，相较于节点强度相对较小的城市越具备高的 GDP 贡献性。

值得一提的是天津，这一个在环渤海地区很重要的城市，除 2008 年节点强度排名位于前五名内，历年排名都在前五名之外，这可以解释为，北京这一个更具备交通枢纽重要地位的城市，由于距离天津不远，所以给天津带来了竞争效应，削弱了天津在整个交通网络中的重要地位。北京的节点强度排名则在逐年下降，南京的节点强度排名日益增加，说明了长三角地区高铁网络的飞速发展趋势，带来了长三角地区时空距离压缩，加速人才、技术、信息、资金、知识经验等在高铁站点开通城市之间快速移动，让长三角地区的一体化提速，并向深度和广度发展。

由于中央政府的财政资金对于高铁建设的资金赞助主要是跨省路线，而非同一个省内的高铁路线。珠三角地区相对较小，不同于长三角地区和环渤海地区覆盖多个省份的情况，整个珠三角地区都在广东省内。广东为中国最富裕的省份，加之整个珠三角地区都在广东省内，所以广东承担了50%的珠三角高铁建设经费，与此对比，长三角和环渤海地区的高铁建设经费中仅仅只有20%~30%来自省内自筹。巨大的高铁建设经费压力让珠三角地区的高铁建设缓慢。因此，广州的节点强度相对长三角地区城市排名落后。在排名前二十的城市当中，大部分城市都位于长三角地区，其次位于环渤海地区，然后是珠三角地区，中部地区城市逐渐增加，并且节点强度逐渐增强。长三角、环渤海和珠三角地区有着最多的交通枢纽型城市，所以比其他地区也更加具备多中心化的特点。

总之，在中国的城市交通结构中，2007~2017年，高铁站点开通城市越来越呈现多中心的趋势。高铁的迅速成长优化了现有的客运结构，采用最低的能源、资源以及环境支出的方式来解决持续增加的客运需求对于后续的经济发展有着较为庞大的"推力"。高铁可以缩减实际的时空距离，加速城市区的建设步伐，高铁体系推进了京津冀、长三角、珠三角等城市群的快速形成。

综合各个地级市的房地产开发投资情况，通过对房地产投资因素分区域实证分析发现，城市人口规模对于东部的影响更加明显，中部以及西部区域现有的人口所构成的影响并不显著；人均收入中中东部对房地产投资的影响显著性较高，西部城市并未达到显著的程度，代表着中东部以及中部区域的收入提升，对该区域的房地产业可以实现显著的带动效应，西部区域人均收入水平对房地产业的拉动作用较小。由于高铁站的建设可以通过提供更便捷的基础设施条件，吸引客流从而拉动第三产业的发展，从而为房地产的开发投资创造更大的需求市场。中国中东部地区的高铁网络更为发达，由于交通设施的改善和便利，促进了中东部地区的人员流动。从人口规模上，这些高铁开通站点城市更具备人流的吸引力，可以潜在地增加人口消费投资规模；从人均收入上，高铁的开通促进了高铁站点城市的人才流动和匹配，可以为增加人均收入贡献积极的力量。人口规模决定了房地产需求市场的规模大小，人均收入则限制着人们对房地产市场的投资和消费。因而，可以推断高铁站点开通地级市对于该地级市的房地产投资具备促进作用，高铁城市的节点强度对房地产的投资具备解释力。

关注地级市节点强度和房地产开发投资完成额，以及房地产从业人员数之间的相关关系，进行单因素计量分析模型，得表 5-12 的分析结果。

表 5-12　高铁城市节点强度与房地产开发投资完成额、从业人员数单因素计量模型

被解释变量	房地产开发投资完成额	房地产业就业人数
DIT	3142298 *** (40.09)	2.002043 *** (32.74)
C	640311.3 *** (7.40)	0.0611295 (0.91)
F	1607.33 ***	1071.92 ***
R²	0.4105	0.3171
Adj R²	0.4103	0.3168
样本量	2310	2310

注：***、**、* 分别表示在1%、5%、10%的统计水平上该系数是显著的；括号内为 t 值。

高铁站点开通地级市的节点强度与房地产开发投资完成额和房地产就业人数都呈现显著的正相关关系，从实际经验数据上证实了交通枢纽城市带动房地产投资的事实。交通条件的改善必将带来站点城市生活便捷度的提升，使更多人口涌入，带动房地产需求的提升，促进房地产投资增长。拟合系数 0.4105 和 0.3171 虽然不大，但是模型总体显著，说明城市优势度指标具备

对相关城市房地产投资的影响性。

取 210 个地级市 2007~2017 年房地产开发投资完成额和房地产业就业人数分别为纵坐标, 210 个地级市 2007~2017 年节点强度为横坐标, 得到图 5-20。

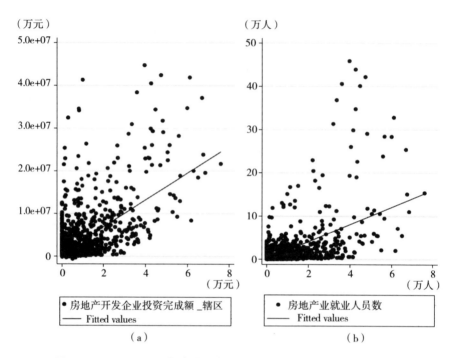

图 5-20　2007~2017 年高铁站点开通地级市房地产开发投资完成额
和房地产从业人数节点强度散点图

图 5-20 反映出地级市交通结构中节点强度与该地级市房地产开发投资完成额以及房地产业就业人数均为正相关关系。高铁站点开通, 人们出行便利, 促进了招商引资, 带动了房地产业的发展。当然, 房地产开发投资完成额是一个需要综合多方面因素而非单一因素进行解释的变量。中国房地产市场受到一系列政策调控因素的影响, 如金融、经济、民生等, 区域型特点强, 所以上述散点图分布显示出拟合度不高的特点, 考虑在后续回归过程中使用调整异方差的策略处理模型。

第五节　高铁城市市场潜力的实证研究

Zheng 和 Kahn（2013）的研究，本节实证部分采用市场潜力变量（MP）衡量一个城市到达物资市场、服务市场或者劳动市场的时间。MP 经济地理学模型认为，到达市场越容易的地理区域，越富裕（Harris，1954；Hanson，2005）。高铁的引入改变了 MP 衡量的空间分布，如天津就是一个有很大市场潜力的城市，有更大市场潜力的地区有着更高的房地产价格（Zheng & Kahn，2013）。

高铁的引入降低了跨城市旅客旅行的时间，从而能够获得更大的贸易机会、劳动市场、城市之间的知识外溢。因为一个城市对于物品和服务的需求等于其他与之关联的城市购买力之和，越近的城市效应越大，MP 被定义为以邻近城市购买力为权重的距离。

沿用 Harris（1954）和 Hanson（2005）的模型，I 城市在 t 年的 MP 如下：

$$MP_{i,t} = \sum_j POP_{j,t} INCOME\_PC_{j,t} e^{-\alpha * T_{ij,t}} \quad (i \neq j) \tag{5-4}$$

式中，$POP_{j,t}$ 是 j 城市在 t 年的城镇就业人口规模，$INCOME\_PC_{j,t}$ 是 j 城市在 t 年的城镇就业人均收入，$T_{ij,t}$ 是城市 i 和城市 j 在 t 年的距离，以旅行时间来计算。空间衰变参数 α，预期为正数，它衡量了附近城市 j 对于城市 i 随着距离的远近发生的空间衰变程度，本书设置这个衰变参数为 0.02，这个数据是从 Harris 的 MP 中推演的估计范围中的中间值。

为了获得高铁站点开通城市受益于高铁的改变的量化衡量，从 12306 App 软件的离线程序包"极品时刻表"中挖掘列车时刻表数据，提取两两城市对的高铁时间矩阵。由于两两城市之间有 G 车、D 车和 C 车三种票价矩阵，本着高铁是一种相对票价成本较高，运输速度快的选择原则，如果两两地级市之间开通了 G 车，则优先选择 G 车时间作为时间矩阵中的数据，如果两两地级市之间开通了 D 车，而且这段线路中没有开通 G 车，则选择 D 车时间作为时间矩阵中的数据，把 C 车作为最后选择数据提取对象是因为，C 车仅仅为城际列车，运输范围和开通程度都不如之前的两种列车类型。使用市场潜力解释我国各个高铁开通地级市房地产开发投资完成额的好处在于，可以量化衡量由于交通方式的改变，即由于高铁线路的开通，所带来的高铁开通站点地级市市场潜力大小的改变，由于提取的矩阵也是面板数据，是除可以进行不同高铁开通站点在同一个时间面上的截面数据分析，还可以在一个时间范围内进行纵向变化比较。城市潜力 MP 值由于地级市与地级市之间的不同造成的标准差，也稍稍大于由于年度与年度的不同而造成的标准差（见表5-13）。

表 5-13　2007~2017 年高铁站点开通地级市市场潜力描述性统计

地级市市场潜力	均值	标准差	最小值	最大值
总体	2.14e+07	5.16e+07	0	8.01e+08
组间		2.97e+07	0	1.98e+08
组内		4.23e+07	−1.76e+08	6.25e+08

为了方便比较 2007~2017 年高铁开通站点地级市的城市潜力，表 5-14 对 MP 的计算结果分 2007~2017 年前二十排名城市的名称和数值。

表 5-14　全国城市网络高铁开通站点地级市城市潜力排名

排名	2007 年	2008 年	2009 年	2010 年	2011 年	2012 年
1	无锡	苏州	苏州	苏州	苏州	苏州
2	常州	无锡	嘉兴	常州	无锡	无锡
3	镇江	嘉兴	无锡	镇江	常州	常州
4	保定	常州	天津	杭州	嘉兴	嘉兴
5	天津	镇江	常州	天津	镇江	镇江
6	杭州	天津	镇江	南京	沧州	沧州
7	上海	沧州	唐山	唐山	南京	德州

续表

排名	2007 年	2008 年	2009 年	2010 年	2011 年	2012 年
8	南京	保定	北京	上海	滁州	南京
9	长沙	南京	保定	北京	德州	天津
10	德州	滁州	杭州	绍兴	天津	滁州
11	北京	上海	滁州	保定	杭州	蚌埠
12	深圳	杭州	南京	滁州	泰安	杭州
13	石家庄	北京	武汉	株洲	蚌埠	泰安
14	蚌埠	德州	韶关	德州	济南	宿州
15	盘锦	蚌埠	绍兴	咸宁	宿州	上海
16	金华	铁岭	上海	韶关	上海	枣庄
17	锦州	深圳	株洲	遂宁	枣庄	徐州
18	孝感	合肥	遂宁	郴州	徐州	唐山
19	咸宁	石家庄	德州	岳阳	北京	北京
20	秦皇岛	金华	郴州	衡阳	唐山	合肥

排名	2013 年	2014 年	2015 年	2016 年	2017 年
1	无锡	无锡	衡阳	衡阳	衡阳
2	苏州	苏州	株洲	株洲	株洲
3	常州	嘉兴	桂林	桂林	桂林
4	嘉兴	常州	长沙	长沙	长沙
5	镇江	镇江	廊坊	郴州	郴州
6	沧州	沧州	萍乡	廊坊	廊坊
7	杭州	杭州	苏州	苏州	岳阳
8	南京	南京	镇江	镇江	苏州
9	滁州	滁州	岳阳	岳阳	韶关
10	天津	德州	沧州	嘉兴	镇江
11	德州	天津	嘉兴	常州	常州
12	蚌埠	蚌埠	常州	韶关	沧州
13	绍兴	绍兴	无锡	沧州	南京
14	济南	济南	德州	南京	嘉兴
15	宿州	唐山	天津	无锡	萍乡
16	泰安	泰安	杭州	杭州	无锡
17	上海	上海	南京	德州	德州
18	保定	保定	滁州	萍乡	保定

续表

排名	2013 年	2014 年	2015 年	2016 年	2017 年
19	唐山	宿州	宜春	保定	天津
20	徐州	湖州	蚌埠	天津	杭州

由表5-14可见，2007～2014年，城市潜力排名前五的城市大部分都是长三角地区的城市；2015～2017年，城市潜力排名前五的城市大部分为中部地区城市。综合分析2007～2017年的前二十位排名地级市发现长三角地区和中部地区的二线城市居多。对于城市聚集群形成，二线城市可以更低廉的成本、更便捷的方式、更短的运输时间获得吸引投资，增加地区生产总值，增加人均收入等让城市综合竞争力增强的禀赋。

2007～2017年高铁开通站点的210个地级市城市潜力频率分布如图5-21所示。

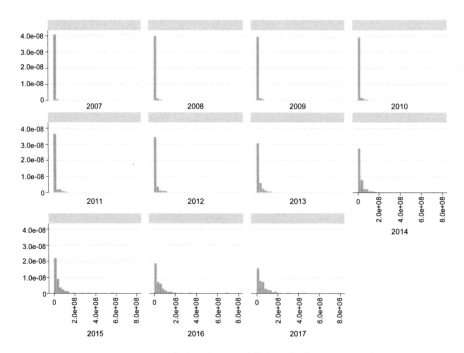

图5-21 2007～2017年高铁站点开通地级市城市潜力面板数据频率分布

　　和城市节点强度分布相类似，2007～2017 年，210 个高铁站点开通地级市的市场潜力分布呈现越来越均衡的趋势。

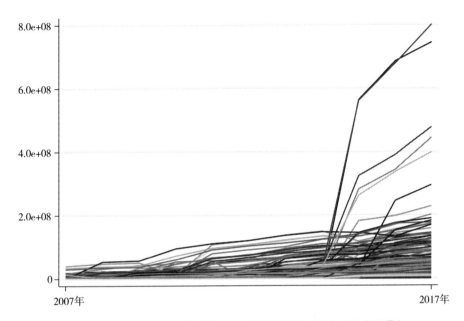

图 5-22　2007～2017 年高铁站点开通地级市城市潜力时间序列叠加

　　把 210 个地级市在 2007～2017 年的城市潜力值（MP）以折线图的形式呈现，如图 5-22 所示。可见高铁的开通带来了其高铁站点开通地级市的城市潜力普遍增加，且个别城市增长的幅度在 2007～2017 年的后半部分尤为大。

　　由于房地产的现价反映的是未来城市租金动态的期望，关注城市相关的房地产价格，拥有越大规模的城市，房价也就越高；越是在经济发展相对好的城市聚集区域，城市吸引投资的能力也越强，在这些市场潜力相对好的城市，房地产价格越能够拥有上涨空间。市场潜力是一个被经济地理学家使用的衡量特定地理区域距离投入或者输出市场通达性的定义。新经济地理学在开展区域贸易分析的过程中进行了"冰山"运输成本的对应假设，提出区域直接节约的运输开支可以填补区域间的交易开支时，伴随实际开放水平的不断提升，造成公司分散经营的实际分散力有一定程度的降低，实际的减弱速度会超过集聚经营的强化速度，在抵达特定临界点的情况下，其中的聚集力会大于相关的分散力。在此情况下，就会使产业在特定的区域出现突发性聚集，同时在因果关系的影响下放大特定区域的市场效应，造成产业出现一定的集聚变化。房地产业兼有制造业以及服务业的特征，一方面涵盖了开发程序中的运输开支，另一方面也有着服务业的交易成本，所以选择市场潜能为影响投资的基础要素。高铁的加入可以增强整体的市场潜力，而且市场也可以实现更强的集聚性。实际的市场潜能相对偏高的区域，交通基础体系更加完善，公众的出行活动更便捷，针对房地产商品也可以形成更大的需求。对房地产开发公司而言，潜能更高的区域进行投资活动会提升后续的预期受益，实现投资风险的有效控制。所以很多公司会聚焦潜能偏高的区域进行投资。关注于地级市市场潜力和房地产开发投资完成额以及房地产就业人数的相关关系，进行单因素计量分析模型，得到如表5-15所示的分析结果。

表5-15　高铁城市潜力与房地产开发投资完成额、从业人员数单因素计量模型

被解释变量	房地产开发投资完成额	房地产业就业人数
M_P	0.0176719 *** (9.42)	8.72e-09 *** (6.35)
C	1933876 *** (18.44)	0.9396864 *** (12.24)
F	88.74 ***	40.28 ***
R^2	0.0370	0.0172
Adj R^2	0.0366	0.0167
样本量	2310	2310

注：***、**、*分别表示在1%、5%、10%的统计水平上该系数是显著的；括号内为t值。

房地产投资完成额和高铁站点开通地级市的市场潜力呈现显著的正相关关系，从实际经验数据上证实了市场潜能相对更高的区域，投资所创造的预

期收益也有所提升，因此可获得更为丰厚的投资。交通基础设施更为发达可以方便生活，对房地产存在更多的需求，进而带动了投资规模的增长。拟合系数 0.0370 和 0.0172 虽然不大，但是模型总体显著，这也说明了城市的市场潜力指标具备对相关城市房地产投资的影响性。

关注地级市市场潜力和房地产开发投资完成额，以及房地产业就业人数的相关关系，取 210 个地级市 2007~2017 年房地产开发投资完成额以及房地产业就业人数分别为纵坐标，210 个地级市 2007~2017 年市场潜力值为横坐标，得到图5-23。

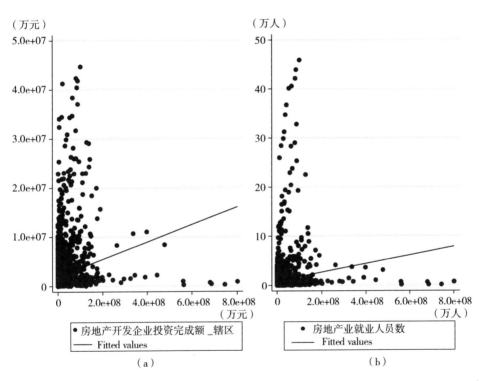

图 5-23　2007~2017 年高铁站点开通地级市房地产开发投资完成额

和房地产从业人数城市潜力散点图

图 5-23 反映出地级市市场潜力与该地级市房地产开发投资完成额的正

相关关系，2007~2017 年地级市的市场潜力与房地产开发投资完成额以及房地产就业人数同增长。这说明地级市的市场潜力对房地产开发投资存在积极的影响。地级市市场潜力越大，对房地产投资的吸引力度也就越大。由于房地产市场具备区域性强的特点，注意到散点图分布较散，考虑在后续回归过程中，使用调整异方差的策略处理模型。

第六节　高铁城市人口规模、制造业规模与房地产业关系的实证研究

以城镇人口就业水平为代表的城市人口规模可以反映从房地产市场的需求面拉动房地产投资完成额的程度。城市规模大，人们消费需求程度高，房地产市场的消费力大。表 5-16 展示了 2007~2017 年全国 210 个高铁地级市城市人口规模排名前二十情况。

表 5-16　全国城市网络高铁开通站点地级市城市人口规模排名

排名	2007 年	2008 年	2009 年	2010 年	2011 年	2012 年
1	重庆	重庆	重庆	重庆	重庆	重庆
2	上海	上海	上海	上海	上海	上海
3	北京	北京	北京	北京	北京	北京
4	天津	天津	天津	天津	天津	天津
5	广州	广州	广州	广州	广州	广州
6	西安	西安	西安	西安	西安	郑州
7	南京	南京	南京	南京	安阳	西安
8	武汉	武汉	成都	成都	南京	成都
9	沈阳	成都	武汉	武汉	成都	南京
10	成都	沈阳	沈阳	沈阳	郑州	沈阳
11	哈尔滨	哈尔滨	哈尔滨	郑州	沈阳	武汉

续表

排名	2007 年	2008 年	2009 年	2010 年	2011 年	2012 年
12	杭州	杭州	杭州	哈尔滨	武汉	哈尔滨
13	佛山	佛山	佛山	杭州	哈尔滨	杭州
14	长春	济南	长春	佛山	杭州	佛山
15	株洲	大理	大理	长春	佛山	青岛
16	济南	长春	济南	济南	长春	长春
17	大理	唐山	唐山	大理	济南	济南
18	唐山	大连	大连	徐州	大理	大理
19	大连	太原	太原	唐山	徐州	苏州
20	淄博	淄博	郑州	大连	唐山	唐山

排名	2013 年	2014 年	2015 年	2016 年	2017 年
1	重庆	重庆	重庆	重庆	重庆
2	上海	上海	上海	上海	上海
3	北京	北京	北京	北京	北京
4	天津	天津	天津	天津	天津
5	广州	广州	广州	广州	广州
6	南京	南京	成都	成都	成都
7	西安	西安	南京	南京	南京
8	成都	成都	西安	西安	西安
9	沈阳	郑州	哈尔滨	沈阳	杭州
10	郑州	沈阳	杭州	哈尔滨	沈阳
11	武汉	杭州	沈阳	杭州	哈尔滨
12	哈尔滨	武汉	武汉	武汉	武汉
13	杭州	哈尔滨	长春	济南	石家庄
14	佛山	石家庄	石家庄	长春	济南
15	青岛	佛山	佛山	石家庄	长春
16	长春	青岛	青岛	佛山	青岛
17	济南	长春	济南	大连	深圳
18	大理	济南	深圳	深圳	佛山
19	苏州	大理	大理	邯郸	大连
20	徐州	苏州	郑州	青岛	茂名

由表 5-16 可知，2007~2017 年，排名前五的城市分别为重庆、上海、北京、天津、广州。可见，在 11 年中城市人口规模变化不大。以 210 个高铁地级市 11 年人口规模为解释变量，房地产开发投资完成额和房地产业就业人员数为被解释变量，建立单因素计量分析模型，得到如表 5-17 所示的分析结果。

表 5-17　高铁城市人口规模与房地产开发投资完成额、从业人员数单因素计量模型

被解释变量	房地产开发投资完成额	房地产业就业人数
人口规模	125.2184 *** (2.67)	0.0000873 *** (2.57)
C	2274164 *** (22.84)	1.099815 (15.24)
F	7.12 ***	6.58 ***
R²	0.0031	0.0028
Adj R²	0.0026	0.0024
样本量	2310	2310

注：***、**、*分别表示在 1%、5%、10%的统计水平上该系数是显著的；括号内为 t 值。

房地产投资完成额以及房地产就业人数和高铁城市的人口规模呈现显著的正相关关系，验证了本书第三章中关于高铁发展对房地产投资空间格局变化的理论分析，即高铁发展引起人口空间集聚或溢出将导致房地产业空间集聚或溢出。在人口规模较大的高铁节点城市中，人们更容易获得与自己技能匹配的工作机会，平均收入水平更高，对房地产市场的消费限制越小，进一步带动房地产投资和行业发展。拟合系数虽然不大，但是模型总体显著，充分证明了城市人口规模具备对相关房地产开发投资的影响性。

为了进一步证实城市人口规模与房地产开发投资完成额以及房地产业就业人员数的相关关系，取 210 个地级市 11 年房地产开发投资完成额以及房地产就业人数分别为纵坐标，210 个地级市 11 年城市人口规模为横坐标，得到图 5-24。

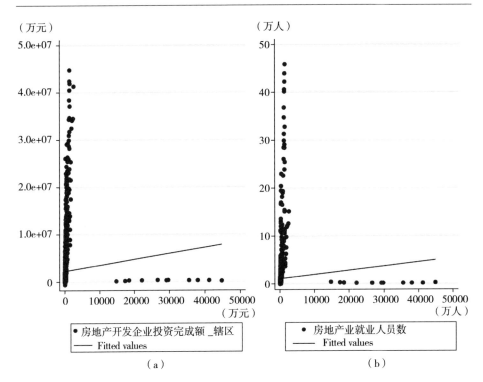

图5-24　2007~2017年高铁站点开通地级市房地产开发投资完成额和

房地产从业人数人口规模散点图

图5-24反映出房地产开发企业投资完成额以及房地产业就业人员数和城市人口规模的正相关关系，但光有城市人口规模单因素不足以充分解释房地产开发投资完成额，需要加入综合政策、金融、宏观形势等的综合因子进行分析。

房地产业作为服务业中的一类行业，不仅与金融服务业、社会服务业等第三产业内部产业有关联，更与制造业等第二产业密切相关。制造业发展吸引投资、劳动者向城市流动，扩大城市人口规模，推动城市的发展，为房地产业发展创造条件。按照新经济地理学理论，制造业具有空间集聚发展的特点。多项研究表明，高速铁路发展改善了城市之间的交通联系状况，对制造业空间格局变化有显著影响。表5-18展示了2007~2017年全国210个高铁地级市城市制造业规模排名前二十情况。

表 5-18　全国城市网络高铁开通站点地级市城市制造业规模排名

排名	2007 年	2008 年	2009 年	2010 年	2011 年	2012 年
1	上海	上海	上海	上海	上海	上海
2	北京	北京	深圳	深圳	深圳	深圳
3	深圳	深圳	北京	北京	天津	天津
4	广州	广州	广州	广州	北京	广州
5	天津	天津	天津	天津	广州	北京
6	杭州	杭州	杭州	杭州	重庆	重庆
7	厦门	重庆	重庆	重庆	杭州	杭州
8	重庆	西安	宁波	厦门	厦门	厦门
9	苏州	厦门	厦门	宁波	宁波	宁波
10	株洲	哈尔滨	惠州	苏州	南京	苏州
11	哈尔滨	苏州	西安	惠州	惠州	南京
12	西安	惠州	南京	南京	珠海	惠州
13	惠州	宁波	苏州	珠海	苏州	郑州
14	青岛	青岛	哈尔滨	西安	武汉	西安
15	武汉	大连	珠海	武汉	西安	珠海
16	珠海	珠海	大连	大连	大连	青岛
17	宁波	南京	青岛	青岛	青岛	武汉
18	大连	武汉	武汉	成都	烟台	大连
19	南京	沈阳	沈阳	哈尔滨	无锡	成都
20	沈阳	成都	成都	沈阳	沈阳	无锡
排名	2013 年	2014 年	2015 年	2016 年	2017 年	
1	深圳	深圳	深圳	深圳	深圳	
2	上海	上海	上海	东莞	东莞	
3	东莞	东莞	东莞	上海	上海	
4	佛山	佛山	佛山	佛山	佛山	

续表

排名	2013 年	2014 年	2015 年	2016 年	2017 年
5	天津	天津	天津	天津	苏州
6	北京	苏州	苏州	苏州	天津
7	苏州	北京	北京	北京	重庆
8	广州	重庆	重庆	重庆	北京
9	重庆	广州	广州	广州	中山
10	中山	中山	杭州	中山	广州
11	杭州	杭州	中山	杭州	郑州
12	南京	南京	南京	惠州	惠州
13	厦门	厦门	厦门	南京	南京
14	宁波	惠州	惠州	厦门	杭州
15	无锡	无锡	郑州	郑州	无锡
16	郑州	宁波	宁波	西安	武汉
17	武汉	郑州	无锡	宁波	西安
18	惠州	武汉	武汉	武汉	厦门
19	青岛	西安	西安	无锡	长春
20	珠海	青岛	珠海	珠海	常州

由表 5-18 可知，2007~2012 年，排名第一的城市为上海，排名第二和第三的城市在北京、深圳和天津中微调。2013~2017 年，排名第一的城市为深圳，排名第二和第三的城市在上海和东莞间变动。可见，我国的制造业在 11年间主要集中在长三角和珠三角地区。以 210 个高铁地级市 11 年制造业规模为解释变量，房地产开发投资完成额和房地产业就业人数分别为被解释变量，建立单因素计量分析模型，得到如表 5-19 所示的分析结果。

表5-19　高铁城市制造业规模与房地产开发投资完成额、从业人员数单因素计量模型

被解释变量	房地产开发投资完成额	房地产业就业人数
制造业规模	125513.3 ***	0.0917684 ***
	(45.85)	(46.61)
C	701902.2 ***	−0.051034
	(8.82)	(−0.89)
F	2102 ***	2172.84 ***
R^2	0.4766	0.4849
Adj R^2	0.4764	0.4847
样本量	2310	2310

注：***、**、*分别表示在1%、5%、10%的统计水平上该系数是显著的；括号内为t值。

　　房地产开发投资完成额和高铁城市的制造业规模存在显著的正相关关系，验证了本书第三章中关于高铁发展对房地产投资空间格局变化的理论分析，即高铁发展引起制造业空间集聚或溢出，导致劳动力人口的空间集聚或溢出，改变高铁沿线城市人口分布。具有较好发展条件的高铁沿线中心城市，制造业的集聚经济效益更显著，促进制造业在此集聚。随着制造业的发展，通过前后向关联促进了房地产业发展。模型整体显著，同样证明了制造业规模对房地产开发投资的影响性。

　　为了直观分析制造业规模与房地产开发投资完成额以及房地产业就业人员数的相关关系，取210个地级市2007~2017年房地产开发投资完成额和房地产业就业人员数分别为纵坐标，210个地级市2007~2017年制造业规模为横坐标，得到图5-25。

　　图5-25反映出同样的正相关关系，单因素计量的结果需要综合多方面因素证实其解释性，下文将控制关键变量，对被解释变量房地产开发投资完成额和房地产业就业人员数进行面板回归。

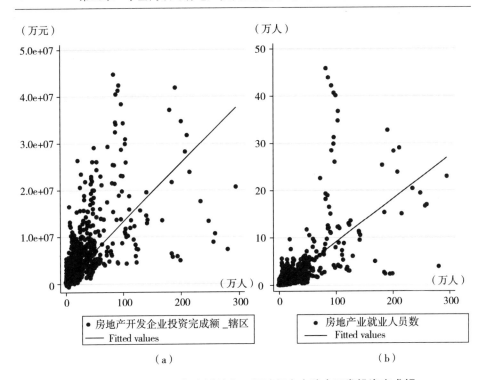

（a）　　　　　　　　　　　　　　　（b）

图 5-25　2007~2017 年高铁站点开通地级市房地产开发投资完成额

和房地产从业人数制造业规模散点图

第六章 中国高铁对房地产开发投资影响的面板模型研究

通过前几章的理论推导与实际观测分析，我们可以得出结论，中国高铁对房地产开发投资空间格局变化有显著影响。为了进一步研究高铁对房地产开发投资的作用机理，本章构建了面板数据模型，深入分析在控制其他相关因素下高铁因素是否对房地产开发投资产生影响。为此，本章提出影响房地产投资的四个宏观因素，即在高铁网络中地级市的节点强度、在高铁影响下该地级市的市场潜力、该地级市的城市人口规模和制造业规模，分别为对应的解释与控制变量探讨高铁开通对于房地产业所构成的影响。

第一节 模型假设

根据前文的理论分析，产业和城市空间分布是非均质的，交通联结通过降低运输费用或时间成本，改变产业和城市区位选择指向和空间布局。高铁作为近年迅速兴起的新型交通工具，显著改善了我国交通基础设施，促进了人员、货物和知识等信息流动，出现产业和人口集聚或移除的空间位移变化，必然影响深受产业和人口关联的房地产业及其投资的空间布局和空间位移变化。

高铁对房地产业空间布局和位移变化的影响主要表现在区位强化效应、

市场结构效应和要素整合效应三个方面。

高铁的区位强化效应，指高铁站点开通地级市更具备人流的吸引力，增加人口消费和投资规模，同时也促进了高铁站点城市的人才流动和匹配水平，增加人均收入。而高铁网络的发展和城市经济的发展是相辅相成的，越是经济地位显著的城市，在高铁网络中越能成为重要节点。因此，可以用高铁站点开通地级市的节点强度反映高铁的区位强化效应。

高铁的市场结构效应，指高铁开通带来本地市场竞争格局、产品结构和外向市场联系的变化。高铁带动了可达性的提升，使高可达性区位的房地产企业获得更大的市场潜力。市场潜能越高的城市，投资的未来预期收益越高。因此，可以用高铁站点开通地级市的市场潜力反映高铁的市场结构效应。按照本书第三章定义的市场潜力函数：

$$\Omega(r) = e^{\sigma[(1-\mu)\tau^A - \mu\tau^M]r} \left[\left(\frac{1+\mu}{2}\right) e^{-(\sigma-1)\tau^M r} + \varphi(r, f)\left(\frac{1-\mu}{2}\right) e^{(\sigma-1)\tau^M r} \right]$$

$$(3-16)$$

式中，f是人口的增函数，通过$\varphi(r, f)$的分母对市场潜力函数产生影响。因此，$\Omega(r)$在每个$r \neq 0$的区域内都是f的增函数。人口的增长使潜力函数曲线向上移动，房地产投资效用水平提高。房地产开发投资与人口、经济、市场潜力等因素存在正相关关系。将式（3-16）简化，得到房地产开发投资与市场潜力间的关联关系：

$$In\ invest_{it} = \gamma_1 In\ MP_{it} \tag{6-1}$$

$$In\ POP_{it} = \gamma_2 In\ MP_{it} \tag{6-2}$$

其中，$lnvest_{it}$为i地区t年的房地产开发投资完成额，POP_{it}为i地区t年的房地产从业人数，MP_{it}为i地区t年的市场潜力指标。本书以房地产开发投资完成额和房地产就业人员数作为房地产开发投资的指标。$\gamma_1 > 0$，$\gamma_2 > 0$。式（6-1）和式（6-2）表明，一个地区某一年份市场潜能与房地产开发投资有相关关系。而一个地区市场潜能主要与本地区以及周边地区的经济发展水平、人口规模、制造业规模等有关，可视为周边地区对该地区的溢出效应。

高铁的要素整合效应，指高铁的建设让沿线或周边地区不断积累人口，从而增加了劳动力等生产要素。以城镇人口数量为代表的城市规模可以反映房地产市场的需求，在多大程度上能拉动房地产开发投资。城市规模越大，人们消费水平和需求程度越高，房地产市场对房地产消费力越大。按照房地产经济学的区域经济三部门模型，房地产业与当地主导产业发展密不可分，当高铁建设让不断积聚的生产要素在循环累积作用效果下整合效应增强，促进主导产业发展时，将通过前后向关联促进房地产业的发展。从高铁开通城市经济发展现状看，其主导产业绝大多数以制造业为主。因此，可以高铁站点开通地级市的城市人口规模和制造业规模为研究房地产开发投资的控制变量。

第二节　基本面板回归模型设计

根据前文分析，全国高铁地级市的以房地产开发企业投资完成额 Invest 和房地产从业人数 POP 作为被解释变量，在房地产经济学的区域经济三部门模型基础上引入城市节点强度数据 DIT 和城市市场潜力 MP 作为解释变量，将城市人口规模 CIT 和制造业规模 MAN 作为控制变量，构建面板数据模型如下：

$$\text{Ininvest}_{it} = \beta_0 + \beta_1 \text{DIT}_{it} + \beta_2 \text{InCIT}_{it} + \beta_3 \text{InMP}_{it} + \beta_4 \text{InMAN}_{it} + \mu_i + \varepsilon_{it} \qquad (6-3)$$

$$\text{InPOP}_{it} = \beta_0 + \beta_1 \text{DIT}_{it} + \beta_2 \text{InCIT}_{it} + \beta_3 \text{InMP}_{it} + \beta_4 \text{InMAN}_{it} + \mu_i + \varepsilon_{it} \qquad (6-4)$$

式中，下标 i、t 分别为地级市和年份，μ_i 为不可观测的个体效应，ε_{it} 为随机误差项，β_0 为常数项，$\beta_1 \sim \beta_4$ 为相应变量的系数。考虑到被解释变量全国高铁地级市的房地产开发企业投资完成额以万元为基本计量单位，数值较大，基本都在亿元级别，解释变量中的城市潜力值同样也较大；被解释变量全国高铁地级市的房地产从业人数以万人为基本计量单位，数值较小，以万人为基本计量单位的城市人口规模、制造业规模数值也小，因此在进行模型的拟合之前，对高铁城市房地产开发企业投资完成额、房地产业从业人数、高铁城市市场潜力、城市人口规模和制造业规模进行了取对数处理，以抵消解释变量和被解释变量值较大或较小带来的影响。

由于是面板数据模型，还要具体看检验模型中的随机误差项是否满足高斯马尔科夫假设，是否可以得到无偏且一致的估计量。模型中需要一方面检验个体效应和时间效应是否与模型中的解释变量相关，以决定面板数据模型采用固定效应还是随机效应的方法来估计，另一方面需要考虑随机误差项具有的分布形态。

第三节　数据的来源与处理

基于极品时刻表和盛名时刻表挖掘的 2007～2017 年全国列车班次数据，综合整理得到出发—到达两两城市之间的 G 车、D 车、C 车运行距离、费率、运行时间、单向运行频率、双向运行频率。

2007～2017 年全国地级市房地产开发数据主要来自历年《中国城市统计年鉴》以及中经网的相关数据，根据实际数据的可得性和一致性，采用 11 年的面板数据进行分析。房地产投资指标以 210 个截至 2017 年开通高铁的地级市的房地产企业开发投资完成额（单位为万元）和房地产业就业人员数（单位为万人）表示；城镇就业人口规模以市区年末城镇单位就业数量表述（单位为万人）；人均收入采用在岗员工的均值薪酬判断（单位为元）；城市规模用年末城市人口数量表示（单位为万人）；制造业规模用年末城市制造业就业人员数表示（单位为万人）。

初始变量有 6 个，样本数为 2310 个。设置截面变量为 city，时间变量为 year，样本中包含 210 个城市，每个城市有 11 年的信息，整体上为平行面板数据。本章所选取的样本描述性统计如表6-1所示。

表6-1 样本的描述性统计

单位：万元，万人

变量	期望	标准差	最小值	最大值	观测值
房地产投资完成额	13.576	1.430	4.663	17.616	共2310个
（lninvest）					
组间		1.2681	0.9401	7.240	每组210个
组内		0.664	5.3971	6.013	共11组
房地产从业人数	-0.519	0.658	-2	1.661	共2310个
（lnpop）					
组间		0.595	-1.631	1.553	每组210个
组内		0.282	-1.587	0.593	共11组
城市节点强度	0.532	0.967	0	7.602	共2310个
（DIT）					
组间		0.876	0	6.055	每组210个
组内		0.413	-1.984	2.814	共11组
城市市场潜力	8.829	8.4530	2	0.501	共2310个
（lnMP）					
组间		5.974	0	18.289	每组210个
组内		5.994	-8.0362	5.484	共11组
城市人口规模	4.781	0.870	2.898	10.710	共2310个
（lncit）					
组间		0.852	3.015	10.212	每组210个
组内		0.181	4.036	5.997	共11组
城市制造业规模	1.574	1.397	-3.912	5.685	共2310个
（lnman）					
组间		1.348	-2.169	5.167	每组210个
组内		0.376	-1.238	3.682	共11组

第四节　面板数据模型回归分析

一、模型的内生性检验

在做面板数据的检验之前，为了避免多重共线性的出现而影响面板模型的效果，进行多重共线性验证以排除变量间的内生性问题。模型的方差膨胀因子如表6-2所示。

表6-2　模型的方差膨胀因子

变量	方差膨胀值	1/方差膨胀值
dit	1.81	0.5510
Inman	1.80	0.5543
Incit	1.69	0.5907
Inmp	1.47	0.6824
方差膨胀值期望	1.69	

检验中的方差膨胀因子VIF均不超过10，证明并不具备多重共线性。由于面板变量具备强对称性，且为平衡的面板数据，共有210个地级市11年的数据，地级市的数量大于时间年份的数量，是一个短面板模型。

二、模型的估计

对模型进行面板数据的混合回归和聚类稳健标准误回归，以此来比较普通与聚类稳健标准误的结果。聚类由所有个体各个阶段的全体观测值构成。相同聚类的观察值容许对应的关联性，各种聚类的实际观测值并未相关。以地级市为聚类变量，各个市区不同阶段的自变量与因变量的参数可以有关联性。根据前文分析，自变量误差受到地级市与地级市差异的影响，要大于受到年度与年度不同而产生的影响。

对比普通标准误与聚类稳健标准误发现，前者仅有后者的半数。相同的地级市各个期间的扰动项通常有着对应的自相关，默认的方式假定扰动项是独立同分布的，因此其中的估计精度较差。即使拒绝了这个面板数据计量模型使用混合回归的方法，究竟应该使用固定效应还是随机效应模型，仍然需要经过筛选和检验。因为其中的聚类稳健和普通标准误相差较为显著，达到了倍数的差距，因此普通的豪斯曼检验存在着无法适用的问题。本书使用Stata 中的"overrid"，即过度识别检验。随机效应与固定效应模型相比，前者多了"个体异质性μ_i与解释变量不相关"的约束条件，也可视为过度识别条件。模型的筛选和检验结果如表 6-3 所示。

表 6-3 模型的筛选和检验

过度识别限制检验：固定效应 vs 随机效应
横断面时间序列模型：xtreg re 稳健聚类（地级市）
Ininvest：Sargan-Hansen 统计 29.163 Chi-sq（4）P-value=0.0000
Inpop：Sargan-Hansen 统计 23.020 Chi-sq（4）P-value=0.0001

卡方检验的结果在 5% 的显著性水平下拒绝原假设，说明固定效应模型比随机效应模型更好。表 6-4 给出了面板数据实证检验估计结果的汇总。

表 6-4 面板数据实证检验结果汇总

变量	混合回归		聚类标准误回归		固定效应	
	Ininvest	Inpop	Ininvest	Inpop	Ininvest	Inpop
dit	0.175***	0.118***	0.175***	0.118**	0.262***	0.119***
	(7.29)	(4.77)	(3.60)	(2.18)	(7.84)	(3.86)
Inmp	0.019***	0.022***	0.019***	0.022***	0.031***	0.037***
	(7.79)	(8.75)	(4.12)	(4.62)	(13.64)	(17.27)

变量	混合回归		聚类标准误回归		固定效应	
	Ininvest	Inpop	Ininvest	Inpop	Ininvest	Inpop
Incit	0.655*** (20.36)	0.608*** (18.42)	0.655** (9.18)	0.608*** (7.56)	0.796*** (11.02)	0.704*** (10.61)
Inman	0.405*** (22.60)	0.518*** (28.16)	0.405*** (9.04)	0.518*** (10.19)	0.306*** (9.21)	0.551*** (18.05)
_cons	9.56*** (69.88)	−5.160*** (−36.74)	9.56*** (32.38)	−5.160*** (−15.99)	8.893*** (27.07)	−5.795*** (−19.20)
F Prob>F 拟合值 调整拟合值 rho	1177.98 0.0000 0.6715 0.6709	1283.07 0.0000 0.6917 0.6912	245.78 0.0000 0.6715	215.42 0.0000 0.6917	255.74 0.0000 0.5563	360.68 0.0000 0.6430

变量	双向固定效应		随机效应		面板数据异方差修正	
	Ininvest	Inpop	Ininvest	Inpop	Ininvest	Inpop
dit	0.059** (2.19)	−0.030*** (−2.57)	0.231*** (7.73)	0.108*** (3.81)	0.122*** (8.01)	0.091*** (5.55)
Inmp	0.000 (0.21)	0.003*** (3.55)	0.030*** (13.81)	0.036*** (17.54)	0.009*** (5.57)	0.009*** (5.99)
Incit	0.280*** (4.79)	0.075*** (3.54)	0.729*** (13.99)	0.641*** (12.43)	0.764*** (22.47)	0.586*** (18.57)
Inman	0.121*** (4.67)	0.174*** (15.06)	0.369*** (12.39)	0.526*** (20.39)	0.348*** (18.46)	0.533*** (27.70)
_cons	11.15*** (41.38)	−1.389*** (−12.29)	9.200*** (39.99)	−5.447*** (−23.64)	9.216*** (61.43)	−4.879*** (−36.35)
year2	0.216*** (5.07)	0.020** (1.08)				
year3	0.380*** (8.87)	0.049*** (2.58)				
year4	0.631*** (14.63)	0.077*** (4.03)				

续表

变量	混合回归		聚类标准误回归		固定效应	
	lninvest	lnpop	lninvest	lnpop	lninvest	lnpop
year5	0.890 * * * （20.53）	0.120 * * * （6.24）				
year6	0.996 * * * （22.91）	0.177 * * * （9.21）				
year7	1.212 * * * （27.25）	0.327 * * * （16.64）				
year8	1.293 * * * （28.83）	0.383 * * * （19.64）				
year9	1.270 * * * （25.26）	0.399 * * * （17.94）				
year10	1.327 * * * （25.02）	0.418 * * * （17.74）				
year11	1.362 * * * （24.96）	0.476 * * * （19.65）				
F	235.11	208.82				
Wald chi2 （4）			1706.55	2082.41	3087.64	4064.81
Prob>F	0.0000	0.0000				
Prob>chi2			0.0000	0.0000	0.0000	0.0000
rho	0.8257	0.7994	0.5036	0.6043		

注：＊＊＊、＊＊、＊分别表示在1%、5%、10%的统计水平上该系数是显著的；括号内为t值。

为进一步在模型和估计方法中进行选择，先做空间固定效应模型，不考虑年度影响，只关注于个体变量，在结果中发现模型的显著性检验F统计量在1%的置信度下有着显著的特征，模型可以完成对应的显著性检验。接着发现模型里所有解释变量在1%的置信度水平下都显著。在固定效应下，由于被解释变量为房地产开发投资完成额和房地产从业人数的模型中，值分别等于0.5563和0.6430，可以断定复合扰动项的方差主要来自个体效应地级市与地级市之间的差别。

再做双向固定效应，为确定是否把时间效应也加在模型中，定义年度虚拟变量：生成时间虚拟变量 year1，year2，…，year11。以 2007 年（即 year1）为基期（对应常数项_ cons），两个模型中所有时间效应都显著。由于经过检验，年度虚拟变量的联合显著性 P 值为 0，F（10，209）= 97.94，强烈拒绝了"无时间效应"的原假设，因此应当涵盖对应的时间效应。

为便于对比混合回归和随机效应的效果，分别对房地产投资完成额和房地产从业人数进行 LM 检验。LM 检验强烈拒绝"不存在个体随机效应"，因此在随机效应和混合回归中应当选定前者。尽管前述结果可以确定个体指标的效应，这里依旧可以使用随机效应（RE）的模式来检验。通过开展随机效应模型的检验，发现在 1% 的显著性水平下所有变量都显著。

考虑到我国各城市发展水平存在显著差异，变量可能存在异方差，在对面板数据的异方差进行修正前，先检验面板数据的组内自相关。通过进行面板数据自相关 Wooldridge 检验。在 5% 的置信度下面板数据存在一阶自相关，故采取调整一阶自相关的面板数据异方差修正法进行修正。发现此时无论是对被解释变量为房地产投资完成额的模型，还是对被解释变量为房地产从业人数的模型，加权最小二乘估计回归均具备显著的估计效率。

总之，对比各主要方法的系数估计值及显著性。随机效应优于混合回归，固定效应优于随机效应。

表 6-5　面板数据自相关 Wooldridge 检验

H0：无一阶自相关		
	lninvest	lnpop
F（1，209）	4249	343.245
Prob>F	0.0405	0.0000

三、模型计算结果分析

由此可见，在计量方法上采用线性回归的方法进行实证检验，lninvest、

Inpop 和 dit 都呈现正相关关系,表明从网络结构分析的城市节点强度对房地产开发投资具有显著的正向影响作用。城市节点强度越大,房地产开发投资完成额越大,房地产从业人员数量越多。这解释了高铁开通的地级市在交通网络中更重要,人们出行更便捷、更容易吸引房地产投资。

Ininvest、Inpop 和 Inmp 也都呈现显著的正相关关系,表明高铁开通的地级市,由于城市可达性增加,该地级市能够辐射到其他城市的地区生产总值提高,且到达其他辐射城市的高铁运输成本不高,市场潜力扩大,该地级市房地产开发投资亦会增加,房地产从业人员越集聚。这可以解释为人们对市场潜力高的地级市房地产需求较高,需求的上升提高房价与房租价格,房地产供给将会上升,从而提高了该地区房地产投资。

Ininvest、Inpop 和 Incit、Inman 同样都呈现显著的正相关关系,解释了在人口众多、制造业发达的地级市,城市本地的房地产市场规模大,人们购买力较强。同时,城市人口规模大、制造业规模大的城市,其通信水平、交通便捷程度与教育水平偏高,可以吸引更多的人口进入其中。此类因素都会提升住房的需求,带动房地产价格的提升,吸引更多的投资。

因此,面板数据模型研究进一步验证了本书第三章提出的机理模型,即房地产投资效用与人口、经济、市场潜能等因素存在正向相关关系。高铁发展导致人口、经济向高铁沿线城市空间集聚,市场潜能扩大,促进房地产投资沿高铁站点城市集聚。高铁开通确实对沿线房地产投资产生显著影响。但从空间上,高铁发展究竟导致房地产投资向沿线核心大城市集聚还是向中小城市溢出扩散,还需要做进一步分析研究。

我国的不同地区间存在一定程度的空间依赖性,这种地理空间依赖信息需要被引入模型中,才可以得到更客观的估计结果。在对变量的定义中,市场潜能这一变量可以用来刻画某地区对其他地区的空间依赖关系。但是仅仅凭借市场潜能一个指标或许没有办法完全抓住所有影响因素,一个区域对其他区域的依赖关系比较复杂,其他同样有可能影响区域房地产开发投资的,且具有空间相关性的因素有可能进入模型的误差项中,也有可能以空间矩阵加权的方式作用于具体的解释变量、被解释变量。因此，在下一章中，将以空间面板计量模型进行实证研究。

第五节　稳健性分析

本章的研究发现，高铁城市制造业规模对该地级市的房地产开发投资完成额和房地产从业人数具备的影响显著为正。区位熵指标在产业结构研究中可以分析地区经济在全国范围内是否具备优势，为验证高铁的开通对于高铁城市房地产开发投资的影响程度，以及上述实证结果的稳健性，本节采用地级市房地产业就业人员的区位熵变量作为制造业规模的替代变量进行实证结果的检验，其他的解释变量不变。房地产就业人员的区位熵可以反映该地级市房地产业的专业与集聚状况，同时也和制造业集聚有着紧密的联系，故制造业规模变量和房地产就业人员区位熵变量对被解释变量房地产开发投资完成额，和被解释变量房地产业从业人数具备相似的解释性。稳健性分析结果如表6-6所示。

表 6-6　高铁地级市房地产开发投资的稳健性分析

变量	混合回归		聚类标准误回归		固定效应	
	Ininvest	Inpop	Ininvest	Inpop	Ininvest	Inpop
dit	0.253 *** (9.67)	0.202 *** (8.39)	0.253 *** (4.33)	0.202 *** (3.65)	0.262 *** (7.67)	0.208 *** (8.04)
Inmp	0.024 *** (9.01)	0.029 *** (11.67)	0.024 *** (4.71)	0.029 *** (7.08)	0.033 *** (14.18)	0.039 *** (22.26)
Incit	1.083 *** (38.49)	1.077 *** (41.43)	1.083 *** (15.68)	1.077 *** (12.78)	0.953 *** (13.37)	1.151 *** (21.38)

续表

变量	混合回归		聚类标准误回归		固定效应	
	lninvest	lnpop	lninvest	lnpop	lninvest	lnpop
lnlq	0. 105 *** (5. 20)	0. 548 *** (29. 32)	0. 105 (1. 13)	0. 548 * (1. 96)	−0. 076 ** (−2. 55)	0. 825 *** (36. 83)
_ cons	7. 941 *** (61. 27)	−7. 405 *** (−61. 82)	7. 941 *** (27. 47)	−7. 405 *** (−34. 47)	8. 714 *** (25. 73)	−8. 221 *** (−32. 13)
F	876. 58	1333. 25	202. 97	355. 86	227. 72	737. 16
Prob>F	0. 0000	0. 0000	0. 0000	0. 0000	0. 0000	0. 0000
拟合值	0. 6034	0. 6982	0. 6034	0. 6982		
调整拟合值	0. 6027	0. 6977				
rho					0. 6192	0. 7595

变量	双向固定效应		随机效应		面板数据异方差修正	
	lninvest	lnpop	lninvest	lnpop	lninvest	lnpop
dit	0. 064 ** (2. 38)	−0. 008 * (−0. 57)	0. 262 *** (8. 41)	0. 196 *** (7. 98)	0. 141 *** (8. 41)	0. 094 *** (6. 50)
lnmp	0. 000 (0. 04)	0. 004 *** (3. 29)	0. 031 *** (14. 10)	0. 039 *** (22. 51)	0. 009 *** (5. 48)	0. 011 *** (9. 08)
lncit	0. 341 *** (5. 95)	0. 469 *** (16. 26)	1. 034 *** (20. 66)	1. 089 *** (25. 43)	1. 121 *** (37. 65)	1. 021 *** (45. 76)
lnlq	0. 095 *** (4. 20)	0. 973 *** (85. 36)	−0. 027 (−1. 03)	0. 776 *** (37. 07)	0. 037 * (1. 90)	0. 868 *** (56. 91)
_ cons	10. 90 *** (39. 97)	−5. 429 *** (−39. 57)	8. 276 *** (34. 62)	−7. 854 *** (−37. 87)	8. 019 *** (54. 70)	−7. 366 *** (−69. 08)
year2	0. 212 *** (4. 98)	0. 032 (1. 51)				
year3	0. 378 *** (8. 82)	0. 139 *** (6. 44)				
year4	0. 639 *** (14. 81)	0. 269 *** (12. 37)				
year5	0. 914 *** (20. 96)	0. 487 *** (22. 18)				

续表

变量	混合回归		聚类标准误回归		固定效应	
	lninvest	lnpop	lninvest	lnpop	lninvest	lnpop
year6	1.023*** (23.38)	0.639*** (29.00)				
year7	1.266*** (28.41)	1.105*** (49.26)				
year8	1.338*** (29.81)	1.176*** (52.08)				
year9	1.311*** (26.06)	1.181*** (46.66)				
year10	1.363*** (25.64)	1.202*** (44.95)				
year11	1.396*** (25.56)	1.306*** (47.51)				
F	234.35	1300.98				
Wald chi^2 (4)			1350.98	3430.15	2232.88	6772.51
Prob>F	0.0000	0.0000				
Prob>chi^2			0.0000	0.0000	0.0000	0.0000
rho	0.8456	0.9538	0.5812	0.7157		

注：***、**、*分别表示在1%、5%、10%的统计水平上该系数是显著的；括号内为t值。

整体来说，稳健性检验的结果与前文实证结果基本一致，保证了实证结果的稳健性。证明高铁开通促进了高铁站点开通城市的房地产开发投资。同样采用混合回归和异方差修正回归等模型分别估计，发现无论是模型的整体显著性还是具体解释变量的显著性，稳健性检验中的结果基本与面板数据回归分析中的结果保持一致。通过替换解释变量，采用地级市房地产业就业人员的区位熵作为制造业规模的替代变量进行实证结果的检验，高铁的开通让站点城市节点强度、城市潜力和城市规模对房地产开发投资完成额和房地产从业人数所呈现的关系，无论是模型总体的显著性，还是模型中具体变量的显著性，或是变量系数的正负，均与替代前各个模型中所呈现的关系基本一致。房地产业就业人员的区位熵对房地产开发投资所具备的相关关系，与使用制造业规模进行实证得出的结论相似。

稳健性结果显示，面板数据模型计量结果和主要结论是稳定、可靠的，高铁的开通对站点开通地级市的房地产开发投资具有显著影响，是构建空间计量经济模型的重要解释变量。

第六节　本章小结

本章在第五章中国高铁对房地产投资空间效应影响的观测与现实特征的基础上，采用面板数据回归分析的方法进一步验证了我国房地产开发投资到底与高铁的开通有没有关系，有多大程度的关系等相关问题。首先，确定了解释变量、控制变量和被解释变量，并在房地产经济学的区域经济三部门模型基础上将高铁因素加入模型，构建了实证面板数据模型。

其次，在对模型相关变量解释的基础上，采用混合回归和异方差修正回归等6种模型分别估计并筛选模型效果，通过变换自变量指标对实证结果的稳健性进行检验。计量模型实证研究发现，由高铁开通城市节点强度代表的高铁区位强化效应和由高铁开通城市市场潜力代表的高铁市场结构效应，都与代表房地产开发投资的房地产开发投资完成额和房地产就业人员数呈显著正相关，表明中国高铁发展对房地产开发投资具有显著正向影响，从而验证了第三章的部分机理，也从计量经济模型验证了第四章的观测与统计分析结果。高铁因素应该是房地产投资空间效应模型的重要解释变量。

最后，面板数据模型实例分析还得出，各个解释变量对投资开发完成额的回归系数，绝大部分均大于对房地产从业人员数的回归系数。与第四章中的观测和统计分析结果不一样，即在2007~2017年，房地产就业人员数的平均变动度大于房地产开发投资完成额的平均变动度，高铁开通对小城市的影响大于大城市。导致这个差异的原因可能是房地产业本身的特殊性带来的。房地产业是高度依赖土地的产业，一般土地支出占了房地产开发投资总成本的30%左右。一、二线城市虽然市场潜力大于中小型城市，但随着产业和人口集聚，土地资源稀缺性日益严重，导致土地成本大幅上升，房地产总成本大幅上涨，迫使一部分房地产企业到高铁沿线、发展条件好的中小型城市拿土地和发展，导致房地产投资先行房地产企业向部分条件优越中小城市扩散和集聚。

第七章　中国高铁对房地产开发投资影响的空间面板模型实证

第一节　高铁对房地产投资空间效应的理论梳理

根据第二章的定义，房地产投资的空间效应包括空间异质性、空间集聚和空间溢出。第五章的研究已经表明，我国房地产投资存在空间异质性。但是，在高铁开通的促进下，房地产投资表现为空间集聚还是空间溢出？需要做进一步的分析研究。

Krugman（1999）指出，运输成本降低对产业的影响是两方面的，不仅促进产业的集聚，而且也会使产业分散，但集聚的力量要大于分散，因此产业会向集聚的中心不断靠拢。本书在第四章通过模型推导指出，对于区域内运输基础设施的改善越大，区域间的交通情况也越好。即好的区域间运输基础设施和规模经济作用会放大产业对于区域内运输基础设施优化的敏感性。较为贫穷的区域在基础设施优化的同时，区域外的企业由于区域内产生的高需求，将流动至这个区域。在跨区域运输基础设施发达的情况下，产业更容易利用新的运输基础设施而重新选择企业的地理位置。

通过第五章、第六章的实证研究和面板数据模型分析，高铁建设作为交通基础设施的改善，对房地产开发投资具有显著正向影响，高铁因素是房地产投资空间效应模型的重要解释变量。

与制造业不同，房地产业的产品差异化远没有制造业显著，运输成本降低是否会导致房地产企业及其投资集聚还需要深入研究。前文的研究已表明，房地产投资效用与人口、经济、市场潜能等因素存在正向相关关系。若高铁发展导致人口、经济向核心城市（高铁沿线的大城市）空间集聚，使集聚地区（核心城市）市场潜能扩大，引起房价与租金的上涨，便会引起核心城市房地产投资的增加，表现为房地产投资和房地产业规模向核心城市集聚。反之，若高铁发展导致人口、经济的空间溢出，市场潜能在空间上溢出，引起高铁沿线中小城市房价与租金的上涨，便会引起沿线中小城市房地产投资的增加，表现为房地产投资和房地产业规模由核心城市向中小城市溢出。集聚与溢出是一个动态过程。核心城市聚集到一定程度必然出现溢出。在房地产发展到一定阶段，核心城市将面临土地资源稀缺的"瓶颈"，向核心城市聚集与向中小城市溢出可能同时发生。房地产业空间溢出首先表现在房地产投资的空间溢出，然后才是房地产企业的空间溢出，即房地产产业规模（本书用就业规模代表）的空间溢出。

本章在第六章的面板数据模型基础上，增加空间变量，构建空间面板数据模型，进一步分析高铁对房地产投资空间效应的影响。

第二节　Moran's I 指标测算

在开展空间计量分析前，要求测定变量的空间依赖性。因为空间自相关存在一定的复杂性，Moran's I 指数作为常见的度量方式，所采用的计算公式如下：

$$\text{Moran's I} = \frac{\sum\limits_{i=1}^{n}\sum\limits_{j=1}^{n} w_{ij}\left(x_i - \bar{x}\right)\left(x_j - \bar{x}\right)}{S^2 \sum\limits_{i=1}^{n}\sum\limits_{j=1}^{n} w_{ij}} \tag{7-1}$$

式中，$S^2 = \dfrac{\sum\limits_{i=1}^{n}(x_i - \bar{x})^2}{n}$ 为样本方差，$\bar{x} = \dfrac{\sum\limits_{i=1}^{n} x_i}{n}$，$x_i$ 为第 i 个区域的指标值，n 作为区域的总数，w_{ij} 作为对应的空间权重矩阵参数。Moran's I 的取值一般介于 -1 到 1 之间，超过 0 代表着构成正自相关，也就是指标在各个区域有着一定的空间自相关；低于 0 代表着其构成了负自相关；数据为 0 代表各个区域并不存在空间相关性。一般运用标准化统计量 Z 检验全域 Moran's I 指数所具备的显著性，具体的公式如下：

$$Z(\text{Moran's I}) = \frac{\text{Moran's I} - E(\text{Moran's I})}{\sqrt{\text{VAR}(\text{Moran's I})}} \tag{7-2}$$

$$\text{其中，} E(\text{Moran's I}) = -\frac{1}{N-1} \tag{7-3}$$

借助全域 Moran's I 能够揭示不同城市间房地产开发投资完成额、房地产从业人数、节点强度、城市潜力、城市规模和制造业规模的全域空间自相关性。对 2007~2017 年各个解释变量与被解释变量的全域 Moran's I 指数进行测算，结果如表 7-1 所示，可见所有变量均呈现显著的空间正自相关。其中，2007~2011 年节点强度和城市潜力的全域 Moran's I 指数值大于 1，造成这个结果的主要原因在于数据偏斜，由于 2007~2011 年高铁开通的线路较少、站点较少，所计算的节点强度值和市场潜力值在未开通高铁站点的地级市为 0，大量 0 值的存在让节点强度值和市场潜力值的相邻要素非常少。

由图 7-1 可见，2007~2017 年，各个变量的全域 Moran's I 指数值均呈现递减趋势。这说明，尽管各个变量在空间分布集聚度大的地方，变量值也大，但随着时间推移，各个变量渐渐与空间分布的相关性减弱，进一步说明了高铁的影响力，推动着房地产开发投资完成额、房地产从业人数、节点强度、市场潜力、城市规模和制造业规模的空间分布在高铁站点开通地级市越来越均衡。

表 7-1　变量 Moran's I 指数

年份	lninvest	lnpop	DIT	lnmp	lncit	lnman
2007	0. 575 ***	0. 378 ***	2. 886 ***	3. 049 ***	0. 447 ***	0. 545 ***
2008	0. 518 ***	0. 279 ***	2. 074 ***	2. 103 ***	0. 280 ***	0. 492 ***
2009	0. 473 ***	0. 280 ***	1. 332 ***	1. 649 ***	0. 316 ***	0. 432 ***
2010	0. 378 ***	0. 259 ***	1. 133 ***	1. 433 ***	0. 240 ***	0. 419 ***
2011	0. 390 ***	0. 237 ***	1. 097 ***	1. 191 ***	0. 246 ***	0. 420 ***
2012	0. 372 ***	0. 227 ***	0. 946 ***	0. 868 ***	0. 208 ***	0. 397 ***
2013	0. 323 ***	0. 209 ***	0. 756 ***	0. 920 ***	0. 181 ***	0. 361 ***
2014	0. 287 ***	0. 209 ***	0. 614 ***	0. 808 ***	0. 158 ***	0. 331 ***
2015	0. 158 ***	0. 082 ***	0. 242 ***	0. 328 ***	0. 079 ***	0. 189 ***
2016	0. 115 ***	0. 045 *	0. 183 ***	0. 284 ***	0. 047 **	0. 151 ***
2017	0. 120 ***	0. 052 **	0. 172 ***	0. 252 ***	0. 050 **	0. 153 ***

注：＊＊＊、＊＊、＊分别表示在 1%、5%、10% 的统计水平上该系数是显著的。

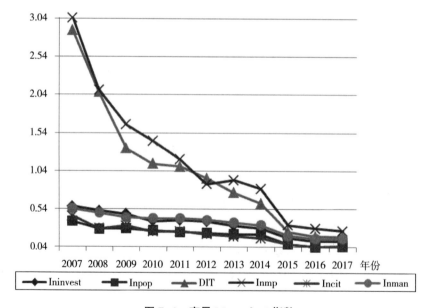

图 7-1　变量 Moran's I 指数

第三节　房地产投资集聚机制的空间权重矩阵建立

从本章变量的构建上看，市场潜力 MP 涉及城镇就业人口人均收入和城镇就业人口数量。由于经济在各个地级市之间存在互动，城镇就业人口数量以及人均收入这些经济指标并非独立于空间位置。所以，构建空间计量模型来充分考虑除横截面地级市之间的异质性（异方差）外，横截面地级市之间的空间依赖性。

利用高铁时刻表中挖掘的站点之间运输距离作为各地级市变量的位置信息，加在原来的面板数据上以得到各变量的空间数据。由于 2007~2017 年，高铁网络扩展，新增了地级市站点，所以 11 年中地级市横截面数据的位置信息不一致。为了充分考虑 11 年中高铁影响下地级市横截面数据之间的空间依赖性和空间异质性，构建了我国 210 个截至 2017 年开通高铁站点的地级市的运输距离权重矩阵，该权重矩阵元素定义如下：

$$W_{ij} = \begin{cases} \dfrac{1}{D_{ij}} & i \neq j \\ 0 & i = j \end{cases} \quad\quad (7\text{-}4)$$

其中，$D_{ij} = \dfrac{\sum\limits_{t} d_{ijt}}{T}$，$d_{ijt}$ 为 210 个截至 2017 年开通高铁的地级市之间的运输距离。选取截至 2017 年高铁站点开通地级市之间 2007~2017 年平均化了的高铁运输距离，取其倒数作为权重。在两两地级市的高铁运输距离的选取中，本着 G 车优先于 D 车，D 车优先于 C 车的原则，以充分考虑高铁相较于传统铁路，速度快，票价高的特征。t 为测算年度，T 为高铁开通的总的年数。D_{ij} 之所以取平均值，是为了平均 2007~2017 年各个年度里地级市之间的高铁运输距离，以此把高铁开通的便捷性也平均于 2007~2017 年的各个年度里。在高铁时刻表中没有开通高铁线路的年份，运输距离显示为0。通过平均化处理也可以避免由于运输距离在未开通高铁线路的年代显示为0，而导致地级市之间权重矩阵对应元素无限大的问题。

生成来自210个地级市的空间权重矩阵（210×210），形式如下：

$$W = \begin{pmatrix} w_{11} & \cdots & w_{1n} \\ \vdots & \ddots & \vdots \\ w_{n1} & \cdots & w_{nn} \end{pmatrix}, \ n = 210$$

空间自相关可以被理解为位置相近的区域具有相似的变量取值。即若高值与高值集聚在一起，低值与低值聚集在一起，则为正空间自相关；反之，如果高值与低值相邻，则为负空间自相关；而如果高值与低值完全随机分布，则不存在空间自相关。

第四节　高铁影响下的房地产投资面板数据空间计量模型

一、模型假设

引力模型在现代经济研究中占据了越来越重要的地位，运用相应的作用能力模型可更好地研究和预估空间相互作用状态。引力模型建立在牛顿万有定律的前提下，不同经济体之间的贸易流动量跟其相应的经济规模成正比，与它们之间的距离成反比。相邻地级市高铁的开通和发展对本区域造成的影响作用是本章最为关注的。通过理论研究，附近区域的地级市高铁的开通和发展能够从三个方面对房地产开发投资产生影响。首先，区位强化效应扩大了高铁城市资源优化配置的范围，提升了相对区位的优势，让房地产业倾向于集聚在交通便利、具有相对区位优势的地级市。其次，高铁具有市场结构效应，本地级市的高铁网络发展与站点建立有助于通过提升可达性以及巨额的流量带来更大的市场规模，房地产企业获得了更大的市场潜力，服务半径和目标市场的扩大，让原本依赖于本地市场的房地产企业也受惠于相邻地级市的市场，从而增大投资开发规模。最后，要素整合效应将周边地区的人力和资本吸引到本地，促进了产业对于人才的匹配效率，创造了更多高收入人群，提升了对于房地产产品品质需求，促进房地产开发投资。

根据引力模型对开通高铁站点地级市的房地产开发投资完成额和房地产业从业人数根据解释变量进行回归估计。由于在中国不同地区具有不同程度的空间依赖问题，将这种地理空间依赖信息引入模型中，才能得到更为可信的估计结果。需要在本模型设计中，已通过市场潜能这一变量来刻画高铁城市与城市之间的空间依赖关系，但是一个地区对其他地区的空间依赖关系并不单一，仅凭市场潜力一个指标无法全面地抓住所有影响因素，其他有可能影响房地产投资开发的空间相关性因素。或为变量间的空间依赖性造成，或进到了模型的误差项中，所以有可能让模型的变量体现出空间依赖性，也有可能让模型的随机误差项表现出空间相关性。

为检验高铁对房地产开发投资的空间相关性，运用相关空间计量模型展开预测。此类模型大致可划分为两种：假如模型的偏差项在区域内呈现为相关，此时属于误差模型（Spatial Error Model，SEM）；假如存在的依赖关系是造成其区域相关的重要因素时，此时属于相应的滞后模型（Spatial Lag Model，SLM）。若两种效应同时发生，更为一般的空间计量模型将空间自回归模型（Spatial Auto-regression Model，SAR）与空间误差模型（Spatial Error Regression Model，SEM）结合，构成带相关误差项的自回归模型（Spatial Autoregressive Model with Spatial Autoregressive Disturbances，SARAR）。使用SARAR模型可以避免由于高铁站点开通地级市之间无法观测到的相似性，导致解释变量市场潜力及节点强度能够通过显著性检验的问题。房地产开发投资、房地产业从业人数、地级市节点强度、城市规模、制造业规模、市场潜力变量的 Moran's I 指数均很突出，意味着此样本满足区域依赖性，因此要运用相应的计量模型来解决依赖性问题。

二、模型构建和实证结果分析

（一）SARAR 空间经济计量模型

为了检验由于高铁网络的发展、高铁基础设施完善而带来的对本地房地产开发投资的影响，在前一章的基础上，构建如下 SARAR 空间经济计量模型进行参数估计：

$$
\begin{cases}
\text{Ininvest}_{i,t} = \rho W_i{}'\text{Ininves} t_t + \beta_1 \text{di} t_{i,t} + \beta_2 \text{Inm an}_{i,t} + \\
\qquad \beta_3 \text{Inm p}_{i,t} + \beta_4 \text{Inci} t_{i,t} + \mu_i + \gamma_t + \varepsilon_{i,t} \\
\qquad \varepsilon_{i,t} = \lambda\ m_i{}'\varepsilon_t + \upsilon_{i,t}
\end{cases}
\tag{7-5}
$$

$$
\begin{cases}
\text{Inpop}_{i,t} = \rho W_i{}'\text{In pop}_t + \beta_1 \text{di} t_{i,t} + \beta_2 \text{Inm an}_{i,t} + \\
\qquad \beta_3 \text{Inm p}_{i,t} + \beta_4 \text{Inci} t_{i,t} + \mu_i + \gamma_t + \varepsilon_{i,t} \\
\qquad \varepsilon_{i,t} = \lambda\ m_i{}'\varepsilon_t + \upsilon_{i,t}
\end{cases}
\tag{7-6}
$$

式中，下标 i 表示地级区域，下标 t 表示年份，$W_i{}'$ 为空间权重矩阵 W 的第 i 行，$W_i{}'\text{Ininves} t_t = \sum_{j=1}^{n} w_{ij}\text{Ininves} t_{jt}$，$W_i{}'\text{In pop}_t = \sum_{j=1}^{n} w_{ij}\text{In pop}_{jt}$，$w_{ij}$ 为空间权重矩阵 W 的 (i，j) 元素，μ_i 为地级市 i 的个体效应，γ_t 为时间效应，$m_i{}'$ 为扰动项空间权重矩阵 M 的第 i 行，$\varepsilon_{i,t}$ 表示误差项。为了分析各变量的弹性变化趋势，控制误差，此处对不同变量取对数。$\text{Ininvest}_{i,t}$ 意味着被解释变量房地产开发投资；$\text{Inpop}_{i,t}$ 即为被解释变量房地产业从业人数；$\text{di} t_{i,t}$ 表示地级市节点强度；$\text{Inman}_{i,t}$ 表示地级市的制造业规模指标；$\text{Inmp}_{i,t}$ 表示地级市的市场潜力指标；$\text{Inci} t_{i,t}$ 表示地级市的人口规模指标；选取地级市之间高铁的线路距离的倒数作为权重，本着 G 车优先于 D 车，D 车优先于 C 车的原则。

以 210 个地级市在 2007~2017 年中，两两地级市间平均高铁运输距离为元素的矩阵（210×210），同时为空间权重矩阵和扰动项空间权重矩阵，构建 SARAR 模型进行实证检验。此时，动态面板数据模型不再适用，随机效应数据模型也不再适用，且空间权重矩阵不加权于解释变量，仅仅作用于被解释变量。本节所运用的固定效应 SARAR 模型在分析过程中设定了两种非观测现象，也就是空间固定以及时间固定。而在空间固定方面设定了背景变量对房地产开发投资的影响，如不同地级市的自然资源禀赋和社会结构等；在时间固定效应中控制了随时间变化，但不随地区变化的背景变量，如商业周期和国家宏观政策等；双固定效应则同时控制了空间和时间两种效应。使用 Stata 软件，报告如表 7-2 和表 7-3 所示。

表 7-2　房地产开发投资完成额的 SARAR 模型

变量	时间固定效应		空间固定效应		时间空间双固定效应	
	系数	z	系数	z	系数	z
DIT	0.1955	0.45	0.0558*	1.83	0.0586*	1.79
Inmp	0.0002	0.01	0.0058**	2.11	−0.000	−0.02
Incit	0.6476***	3.62	0.3042***	3.18	0.2803***	2.59
Inman	0.4137*	1.85	0.1628***	3.37	0.1119**	2.19
rho	0.1	0.05	0.8224***	22.31	−0.4995	−1.43
Iambda	0.1	0.06	−0.7591***	−8.09	0.3122	1.04
Sigma2	0.5453***	5.75	0.1889***	4.86	0.1816***	4.17

注：***、**、* 分别表示在 1%、5%、10% 的统计水平上该系数是显著的；括号内为 t 值。

表 7-3　房地产从业人数的 SARAR 模型

变量	时间固定效应		空间固定效应		时间空间双固定效应	
	系数	z	系数	z	系数	z
DIT	0.1311**	2.53	−0.0449	−1.52	−0.0675**	−2.02
Inmp	0.0046	0.88	0.0131***	4.96	0.0076***	2.67
Incit	0.5866***	7.17	0.3221***	3.67	0.2088**	2.17
Inman	0.5351***	10.33	0.4043***	5.27	0.3571***	4.26
rho	−0.0232	−0.23	0.7315***	24.02	0.3751***	2.73
lambda	−0.0269	−0.22	−0.7704***	−10.99	−0.5699***	−3.53
Sigma2_e	0.6166***	11.21	0.1807***	10.61	0.1784***	10.82

注：***、**、* 分别表示在 1%、5%、10% 的统计水平上该系数是显著的；括号内为 t 值。

当被解释变量为 Ininvest，三种固定效应中空间固定效应最显著。首先，除交通节点在 1% 的水平下、市场潜力在 5% 的水平下，其余解释变量均与被解释变量在 1% 水平下呈现显著的正相关关系。尤其是空间自回归系数 rho 在 1% 的水平下显著为正，说明控制了随地区变化，但不随时间变化的背景变量对房地产开发投资的影响，我国高铁站点开通地级市的房地产开发投资完成额确实有空间溢出效应，即存在空间关系的城市的房地产开发投资完成额有正的溢出效应。其次，市场潜力变量的系数在空间固定模型中显著，在其他两种模型中则不显著，说明我国不同区域的地级市在自然资源禀赋以及社会结构等方面对市场潜力构成的影响较为显著，市场潜力变量的系数在空间固定模型中为正，说明由于高铁开通带动的市场潜力增长，房地产开发投资完成额也增长，增长程度大小取决于地级市与地级市的差异。

当被解释变量为 Inpop，三种固定效应中空间固定效应和时间空间双固定效应变量系数方向一致。其中，时间空间双固定效应最显著，时间空间双固定既考虑了不随时间而变，又考虑了不随个体而变的遗漏变量问题。在时间空间双固定效应中，所有解释变量均与被解释变量存在显著的相关关系，其中地级市交通节点和被解释变量房地产从业人数在 5% 的显著性水平下呈现负相关关系，其余解释变量市场潜力、城市人口规模、制造业规模均与房地产从业人数存在正相关关系。空间自回归系数 rho 在 1% 的水平下显著为正，同样支持了房地产从业人数存在空间相互依赖的结论，说明房地产从业人员的区域分布存在空间溢出效应，存在空间关系的地级市房地产从业人数有正的溢出效应。

对比未考虑空间相关因素的普通面板数据固定效应模型，引入 SARAR 模型后，发现各个解释变量对房地产开发投资完成额都产生显著的影响，估计结果没有发生实质性的改变。说明相邻地级市高铁的发展和交通的改善对本地级市房地产开发投资完成额的影响是相当稳健的。与普通面板数据固定效应模型计算结果相比，SARAR 模型中各个解释变量的系数大于普通面板数据模型的相关系数，表明高铁发展对房地产开发投资所带来的本地效应比跨区域的溢出效应在数值上要更大。

（二）动态空间自回归模型

房地产开发投资具有一定的滞后效应，即前一期房地产开发投资会影响到后一期的投资开发，为分析此类滞后效应，加入被解释变量的滞后一期为对应的解释变量，构建动态模型开展配套的估计分析。模型设定如下：

$$\begin{cases} \text{Ininvest}_{i,t} = \tau\,\text{Ininvest}_{i,t-1} + \rho W_i'\text{Ininves}\,t_t + \beta_1 di\,t_{i,t} + \beta_2\text{Inm an}_{i,t} + \\ \qquad \beta_3\text{Inm p}_{i,t} + \beta_4\text{Inci t}_{i,t} + \mu_i + \gamma_t + \varepsilon_{i,t} \\ \qquad\qquad \varepsilon_{i,t} \sim N\,(0,\ \sigma^2 I_n) \end{cases} \qquad (7\text{-}7)$$

$$\begin{cases} \text{Inpop}_{i,t} = \tau\,\text{Inpop}_{i,t-1} + \rho W_i'\text{In pop}_t + \beta_1 di\,t_{i,t} + \beta_2\text{Inm an}_{i,t} + \\ \qquad \beta_3\text{Inm p}_{i,t} + \beta_4\text{Inci t}_{i,t} + \mu_i + \gamma_t + \varepsilon_{i,t} \\ \qquad\qquad \varepsilon_{i,t} \sim N\,(0,\ \sigma^2 I_n) \end{cases} \qquad (7\text{-}8)$$

式中，下标 i 表示地级区域，下标 t 表示年份，W_i' 为空间权重矩阵 W 的第 i 行，$W_i'\text{Ininves}\,t_t = \sum_{j=1}^{n} w_{ij}\text{Ininves}\,t_{jt}$，$W_i'\text{In pop}_t = \sum_{j=1}^{n} w_{ij}\text{In pop}_{jt}$，$w_{ij}$ 为空间权重矩阵 W 的 (i，j) 元素，μ_i 为地级市 i 的个体效应，γ_t 为时间效应，$\varepsilon_{i,t}$ 表示误差项。为了分析各变量的弹性变化趋势，控制所存在的误差，运用各变量取对数进行处理。$\text{Ininvest}_{i,t}$ 代表房地产开发投资；$\text{Inpop}_{i,t}$ 代表被解释变量房地产业从业人数；$dit_{i,t}$ 表示地级市节点强度；$\text{Inm an}_{i,t}$ 表示地级市的制造业规模指标；$\text{Inmp}_{i,t}$ 表示地级市的市场潜力指标；$\text{Inci t}_{i,t}$ 表示地级市的人口规模指标；选取地级市之间高铁的线路距离的倒数作为权重，本着 G 车优先于 D 车，D 车优先于 C 车的原则。

空间自回归模型主要关注被解释变量的空间依赖性和自相关的程度。以 210 个地级市 2007~2017 年中，两两地级市间平均高铁运输距离为元素的矩阵（210×210）为空间权重矩阵，构建空间自回归模型（SAR）进行实证检验，此处运用动态时间、动态空间与动态时间空间双固定效应。选定固定效应而未选择随机效应的主要原因为：运用空间数据的情况下，普通的豪斯曼检验存在着失效的问题。当回归分析限制在特殊个体的情况下（如 210 个中国 2007~2017 年高铁站点开通地级市），固定效应模型应该是更好的选择。使用 Stata 软件，报告如表7-4和表7-5 所示。

表7-4　房地产开发投资完成额的动态空间自回归模型

变量	动态时间固定效应		动态空间固定效应		动态时间空间双固定效应	
	系数	z	系数	z	系数	z
DIT	-0.0091	-0.16	0.0526 **	1.99	0.0657 ***	3.05
Inmp	-0.0004	-0.11	-0.0026	-0.89	-0.0007	-0.37
Incit	-0.0030	-0.07	0.1457 **	2.09	0.1728 ***	2.85
Inman	-0.0335	-0.91	0.0703 *	1.66	0.0625 *	1.74
Invest L1.	1.0336 ***	14.24	0.7282 ***	5.47	0.6300 ***	4.23
rho	-0.0780	-0.42	0.1063	1.16	-0.1365 **	-2.43
Sigma2_ e	0.1854 ***	2.61	0.1576 ***	2.86	0.1469 ***	2.88

注：＊＊＊、＊＊、＊分别表示在1%、5%、10%的统计水平上该系数是显著的；括号内为 t 值。

表7-5　房地产从业人数的动态空间自回归模型

变量	动态时间固定效应		动态空间固定效应		动态时间空间双固定效应	
	系数	Z	系数	Z	系数	Z
DIT	-0.0042	-0.59	-0.0482 ***	-2.84	-0.0380 **	-2.30
Inmp	-0.0020 *	-1.91	-0.0021	-1.27	-0.0004	-0.27
Incit	-0.0109	-0.74	0.0794	1.58	0.0898 *	1.73
Inman	0.0100	0.61	0.1907 ***	3.73	0.1731 ***	3.48
Inpop L1.	1.003 ***	62.52	0.8030 ***	24.39	0.7694 ***	25.26
rho	-0.0098	-0.71	0.2000 ***	5.72	-0.0458	-0.87
Sigma2_ e	0.1386 ***	11.97	0.1220 ***	12.23	0.1123 ***	11.90

注：＊＊＊、＊＊、＊分别表示在1%、5%、10%的统计水平上该系数是显著的；括号内为 t 值。

由表7-4和表7-5可知，被解释变量滞后一期都很显著，且系数为正，证实了前一期的房地产开发投资会影响后一期房地产的投资开发，且前一期的房地产开发投资对后一期的房地产开发投资存在正相关关系。从系数值看，由于各个解释变量在空间面板数据计量模型中的估计系数值均大于在普通面板数据计量模型中的估计系数值，高铁开通对地级市的房地产投资本地效应远大于跨城市的空间溢出效应。这从实证上验证了新经济地理（空间经济学）的一个重要理论，即基础设施改善将强化本地经济的累积循环效应，本书结论和其他分析基本一致（刘生龙和郑世林，2013）。

当被解释变量为房地产开发投资完成额时，只有动态时间空间双固定效应模型的空间自回归系数 rho 在5%的水平下的显著，且呈负的空间溢出。这说明高铁开通使房地产开发投资完成额在固定时间空间变化的情况下，还存在由高铁沿线核心周边小城市向核心城市集聚的"虹吸效应"，房地产开发投资完成额的空间效应表现为集聚与溢出同时存在。

当被解释变量为房地产从业人数时，只有动态空间固定效应模型的空间自回归系数 rho 在1%的水平下显著，且呈正的空间溢出。这说明高铁开通使房地产从业人数在固定空间变化的情况下，存在由高铁沿线核心城市向周边小城市的扩散效应。第四章的观测分析和第五章的面板数据模型研究以及SARAR 空间经济计量模型研究也说明了这一点。

房地产从业人数的空间溢出效应取决于我国不同地区的地级市差异，而房地产开发投资完成额的空间溢出效应除取决于我国区域间的不同，还取决于随时间而有可能发生变化的宏观社会政治经济趋势等。因此，房地产开发投资完成额负的空间溢出效应说明取决于我国区域性差异，本地高铁交通基础设施改善具有本地效应：本地的房地产开发投资完成额增加会将周边地区的人力和资本等要素吸引至本地，进一步对附近区域地级市的房地产开发投资构成消极影响。房地产从业人数正的空间溢出效应则说明除取决于我国区域性差异，还与随时间变迁而有可能发生变化的宏观社会政治经济趋势有关系，本地交通基础设施改善具有网络效应：本地房地产从业人数的增加有助于促进人流和贸易往来，从而进一步促进其他相邻地区房地产从业人数的增长。

（三）空间杜宾模型稳健性检验

为验证上述空间计量模型分析结果的稳定性，采用空间杜宾模型进行稳健性检验。

根据前文分析，相邻地级市的交通便利程度，即节点强度、市场潜力、人口规模和制造业规模同样有可能影响地级市的房地产开发投资，为论证开发是否同时依赖相邻地级市的各个自变量和控制变量，引入各个解释变量和控制变量的空间权重矩阵加权项作为解释变量，建立空间杜宾模型。模型设定如下：

$$
\begin{cases}
\text{Ininvest}_{i,t}=\rho W_i{'}\text{Ininves}\,t_t+\beta_1\text{di}\,t_{i,t}+\beta_2\text{Inm an}_{i,t}+ \\
\quad \beta_3\text{Inm p}_{i,t}+\beta_4\text{Inci}\,t_{i,t}+d_1{'}\text{di}\,t_{i,t}\delta+d_2{'}\text{Inm an}_{i,t}\delta+ \\
\quad d_3{'}\text{Inm p}_{i,t}\delta+d_4{'}\text{Inci}\,t_{i,t}\delta+\mu_i+\gamma_t+\varepsilon_{i,t} \\
\quad \varepsilon_{i,t}\sim N\ (0,\ \sigma^2 I_n)
\end{cases} \tag{7-9}
$$

$$
\begin{cases}
\text{Inpop}_{i,t}=\rho W_i{'}\text{In pop}_t+\beta_1\text{di}\,t_{i,t}+\beta_2\text{Inm an}_{i,t}+ \\
\quad \beta_3\text{Inm p}_{i,t}+\beta_4\text{Inci}\,t_{i,t}+d_1{'}\text{di}\,t_{i,t}\delta+d_2{'}\text{Inm an}_{i,t}\delta+ \\
\quad d_3{'}\text{Inm p}_{i,t}\delta+d_4{'}\text{Inci}\,t_{i,t}\delta+\mu_i+\gamma_t+\varepsilon_{i,t} \\
\quad \varepsilon_{i,t}\sim N\ (0,\ \sigma^2 I_n)
\end{cases} \tag{7-10}
$$

式中，下标 i 表示地级区域，下标 t 表示年份，$W_i{'}$ 为空间权重矩阵 W 的第 i 行，$W_i{'}\text{Ininves}\,t_t=\sum_{j=1}^{n}w_{ij}\text{Ininves}\,t_{jt}$，$W_i{'}\text{In pop}_t=\sum_{j=1}^{n}w_{ij}\text{In pop}_{jt}$，$w_{ij}$ 为空间权重矩阵 W 的 (i,j) 元素，μ_i 为地级市 i 的个体效应，$d_i{'}$ 为相应空间权重矩阵 D 的第 i 行，γ_t 为时间效应，$\varepsilon_{i,t}$ 表示误差项。为了分析各变量的弹性变化趋势，控制所存在的误差，所以对各个变量取对数处理。$\text{Ininvest}_{i,t}$ 代表房地产开发投资；$\text{Inpop}_{i,t}$ 代表被解释变量房地产业从业人数；$\text{dit}_{i,t}$ 表示地级市节点强度；$\text{Inman}_{i,t}$ 表示地级市的制造业规模指标；$\text{Inm p}_{i,t}$ 表示地级市的城市潜力指标；$\text{Incit}_{i,t}$ 表示地级市的人口规模指标；选取地级市之间高铁的线路距离的倒数作为权重，本着 G 车优先于 D 车，D 车优先于 C 车的原则。

空间杜宾模型（SDM）可以考察来自邻居自变量的影响。以 210 个地级市 2007～2017 年中两两地级市间平均高铁运输距离为元素的矩阵（210×210）

为空间权重矩阵，构建空间杜宾模型进行实证检验，同样选用固定效应模型，回归分析报告如表 7-6 和表 7-7 所示。

表 7-6　房地产开发投资完成额的空间杜宾模型

变量	时间固定效应		空间固定效应		时间空间双固定效应	
	系数	z	系数	z	系数	z
DIT	0.1974 ***	4.11	0.0893 ***	2.57	0.0552 *	1.73
lnmp	−0.0000	−0.00	0.0054	1.60	0.0008	0.27
lncit	0.6584 ***	9.08	0.3832 ***	3.35	0.2813 ***	2.56
lnman	0.3991 ***	8.65	0.1865 ***	3.37	0.1161 **	2.42
W * DIT	−0.4005 ***	−3.01	−0.1340	−0.81	−0.1248	−0.85
W * lnmp	0.0392 ***	3.82	0.0291 ***	3.22	0.0177 **	2.16
W * lncit	0.0335	0.65	0.0670	0.23	−0.2050	−0.74
W * lnman	0.0246	0.23	0.2771 *	1.95	0.0635	0.45
rho	0.0890		0.4903 ***	9.00	−0.2033 **	−2.52
Sigma2_ e	0.5661 ***	8.17	0.2101 ***	5.59	0.1685 ***	4.41

注：***、**、* 分别表示在 1%、5%、10% 的统计水平上该系数是显著的；括号内为 t 值。

表 7-7　房地产从业人数的空间杜宾模型

变量	时间固定效应		空间固定效应		时间空间双固定效应	
	系数	z	系数	z	系数	z
dit	0.1273 **	2.56	−0.0453	−1.20	−0.0744 **	−2.13
lnmp	0.0045	0.87	0.0130 ***	3.76	0.0077 **	2.53
lncit	0.5722 ***	7.24	0.3375 ***	3.09	0.2067 **	2.06
lnman	0.5338 ***	10.20	0.4663 ***	5.41	0.3981 ***	4.64
W * DIT	−0.3006 *	−1.94	−0.0006	−0.01	−0.0889	−0.78
W * lnmp	0.0113	0.81	0.0260 ***	3.44	0.0150 *	1.82
W * lncit	−0.0545	−1.08	0.5399 *	1.94	0.0572	0.22
W * lnman	0.1066	1.05	0.3972 **	2.12	0.1909	1.14
rho	−0.0545	−0.54	0.2513 ***	3.40	−0.1411	−1.36
Sigma2_ e	0.6172 ***	11.19	0.1957 ***	10.18	0.1729 ***	10.18

注：***、**、* 分别表示在 1%、5%、10% 的统计水平上该系数是显著的；括号内为 t 值。

将表7-6和表7-7对比第六章的普通面板数据计量模型，在空间杜宾模型特别是空间固定效应下，模型具备显著的估计效率。在空间杜宾模型的三个固定效应下，从模型的估计效率，到各个解释变量对房地产开发投资完成额和房地产从业人数产生的影响，与SARAR模型和动态空间自回归模型基本一致。这说明相邻地级市高铁的发展和交通的改善对本地级市房地产开发投资完成额的影响是相当稳健的。

当被解释变量为房地产开发投资完成额时，空间自回归系数rho在空间固定效应中显著为正，在时间空间双固定效应中显著为负。验证了上一节空间计量模型分析结论，即高铁开通对房地产开发投资完成额的空间效应表现为集聚与溢出同时存在。当考虑随地域不同而有差异性的因素时，高铁开通产生的跨城市间空间溢出效应大于核心城市的"虹吸效应"；但当考虑随时间变迁和空间差异两个因素时，高铁开通产生的核心城市的"虹吸效应"大于跨城市间空间溢出效应。进一步研究发现，具有空间权重的市场潜力在杜宾模型中具有显著性，表明高铁开通促进了地级市的市场潜力空间溢出，可能是引导房地产开发投资完成额空间溢出的原因之一。这个结果符合本书理论假设，即在市场结构效应上，高铁开通使交易成本下降，促进了本地市场与外地市场的一体化，本地房地产市场受惠于周边城市的市场，本地房地产开发投资完成额受惠于相邻城市的市场发展，出现空间集聚与空间溢出并存的局面。

当被解释变量为房地产从业人数时，空间自回归系数rho在空间固定效应中1%的水平上显著为正，验证了上一节空间计量模型分析结论，即高铁开通对房地产从业人数的空间效应表现为核心城市向周边小城市的溢出。进一步研究发现，在只考虑地域的差异性因素情况下，具有空间权重的市场潜力、城市人口规模、制造业规模在杜宾模型中都具有显著性，表明高铁开通促进了地级市的市场潜力、城市人口、制造业的空间溢出，可能是引导房地产就业人数空间溢出的原因之一。

第五节　本章小结

本章通过空间面板数据模型实证研究证明高铁开通对房地产投资存在空间集聚和空间溢出，验证了有关高铁开通对房地产投资空间效应的机理研究结论。

在加入空间权重后，地级市的交通网络节点强度、市场潜力、城市人口规模、制造业规模等解释变量，在多数情况下都与房地产开发投资完成额呈显著正相关，证明高铁开通对房地产投资具有稳定的区位强化效应、市场结构效应和要素整合效应，高铁发展通过显著改善本地和跨城市间的交通联系，降低人员运输成本和交易成本，促进产业、人口、资金、信息等生产要素在空间上的流动，从而促进房地产投资的空间流动。

空间面板数据模型实证研究证明，相邻地级市高铁发展和交通改善对本地级市房地产投资和房地产就业规模有显著的空间溢出效应。当被解释变量为房地产开发投资完成额时，高铁开通对房地产开发投资完成额的空间效应表现为集聚与溢出同时存在。当被解释变量为房地产从业人数时，高铁开通对房地产从业人数的空间效应表现为核心城市向周边小城市的溢出。

进一步研究发现，在只考虑地域差异性因素情况下，具有空间权重的市场潜力、城市人口规模、制造业规模在杜宾模型中都具有显著性，表明高铁开通促进了地级市的市场潜力、城市人口、制造业的空间溢出，可能是引导房地产投资和就业规模空间溢出的原因之一。

第一，当只考虑地域差异性因素时，高铁开通产生的跨城市间空间溢出效应大于核心城市的"虹吸效应"；但当考虑时间变迁和空间差异两个因素时，高铁开通产生的核心城市"虹吸效应"大于跨城市间空间溢出效应，这个现象在房地产开发投资完成额的空间溢出表现更为明显。

第二，动态空间自回归模型测算结果表明，高铁开通对地级市的房地产投资本地效应远大于跨城市的空间溢出效应，验证了新经济地理（空间经济学）一个重要理论，即基础设施改善将强化本地经济的累积循环效应。此结论与其他研究交通基础设施影响的结论基本一致（刘生龙和郑世林，2013）。

房地产投资效用与人口、经济、市场潜能等因素存在正向相关关系。若高铁发展导致人口、经济向核心城市（高铁沿线的大城市）空间集聚，使集聚地区（核心城市）市场潜能扩大，引起房价与租金的上涨，便会引起核心城市房地产投资的增加，表现为房地产投资和房地产就业规模向核心城市集聚。反之，若高铁发展导致人口、经济的空间溢出，市场潜能在空间上溢出，引起高铁沿线中小城市房价与租金的上涨，便会引起沿线中小城市房地产投资的增加，表现为房地产投资和房地产就业规模由核心城市向中小城市溢出。具体表现为集聚或溢出，取决于高铁交通基础设施的网络效应和本地效应。高铁开通导致的交通基础设施改善具有网络效应，即本地房地产从业人数的增加有助于促进人流和贸易往来，从而进一步促进其他相邻地区房地产从业人数的增长。同时，高铁开通导致的交通基础设施改善还具有本地效应，即本地的房地产开发投资完成额增加会将周边地区的人力和资本等要素吸引到本地，从而对周边地区地级市的房地产开发投资带来不利的影响。若本地交通基础设施改善具有的本地效应小于网络效应，相邻地区的高铁交通基础设施改善对本地房地产开发投资完成额的正向溢出效应超过了负向溢出效应，表现为房地产投资和房地产就业规模由核心城市向中小城市溢出。若本地交通基础设施改善具有的本地效应大于网络效应，相邻地区的高铁交通基础设施改善对本地房地产开发投资完成额的负向溢出效应超过了正向溢出效应，表现为房地产投资和房地产就业规模向核心城市集聚。这是一个动态过程，正如 Krugman（1999）指出的，运输成本降低对产业的影响是两方面的，不仅促进产业的集聚，而且也会使产业分散。高铁发展正在促进房地产业由集聚向分散转化，从而改变房地产业的空间格局。

第八章 中国高铁建设促进了房地产投资空间集聚吗

第一节 引言

在经济增长理论中，基础设施建设被认定为加速经济成长的关键因素之一。按照国家《中长期铁路网规划（2016—2030）》，到2020年高速铁路营业里程达到3万千米，覆盖80%以上的大城市；到2025年，高速铁路营业里程达到3.8万千米左右，形成"八纵八横"的高铁运输网。作为近10年来的一项重大工程，高速铁路建设使我国交通基础设施得到根本性改善，显著降低了劳动者的通勤成本和搜索成本，降低企业的运输成本，提高运输效率和资源配置的有效性，扩大各区域市场的规模，促进各种生产要素及知识技术在各区域间的传播，对经济增长产生正向促进作用。同时，地区之间各方面联系因高铁等交通基础设施的完善而增强，要素在不同地区之间流动，使得分工精细化、专业化，产业不断集聚。

高铁作为重要的交通基础设施，对制造业空间布局产生影响。第一，高铁促进产业转型、经济一体化和专业化。Chen和Hall（2012）针对曼彻斯特与里尔的实例分析，得出高铁建设可以加速原本的工业结构向新的知识密集型方向转变。Cheng等（2015）通过1999~2008年欧洲实例数据的分析，探讨了大都市中心和周边区域的产业架构变动，得出其实际的产业专业化参数有一定降低，腹地与中心区域的相似性有一定提升，高铁建设有助于加速区域经济一体化发展的结论。第二，促进制造业空间格局变化。张书明等（2012）的研究发现，依靠加速相关生产要素的流通，高铁可以带动整体产业运输成本显著降低，对于区位选择构成显著的影响。刘亚洲等（2013）对沪宁高铁沿线城市制造业竞争力的区域差异进行了分析，用改进的偏离—份额分析法讨论了沪宁沿线制造业部门的产业发展优势空间分异。卢福财和詹先志（2017）通过高铁对中部沿线城市工业集聚效应差异化的影响分析，利用双重差分模型和中介效应模型定量验证了高铁影响工业集聚的作用机理。李雪松和孙博文（2017）运用集聚决定模型进行论述，得出尽管京广高铁增强了周边区域的制造业集聚水平，但中心城市的集聚影响有所弱化，非中心城市在不断加速中的结论。

高铁对于第三产业影响的研究主要集中在旅游业（汪德根等，2012；丁金学，2014）、现代物流业（嵇昊威和赵媛，2014）、生产性服务业（肖雁飞等，2013；覃成林和杨晴晴，2017）、文化娱乐产业（张文新等，2012；丁金学，2014）。高铁开通促进了人流、物流、资金流和信息流的流动，沿线和站点城市的可达性提升，带动了第三产业的发展。Kim等（2013）对高铁与现代服务业的研究发现，通过改善地区的交通基础设施和可达性，服务业的要素流通加速了，现代服务业发展得到了促进，就业人口也随之增加了。Fröidh和Nelldal（2008）发现，高铁在旅游市场中具备比航空更强的竞争性，由于可以节约出行时间和更低廉的费用，高铁被低收入者、低预算者所青睐。肖雁飞等（2013）认为，武汉高铁的开通促进了生产性服务业发展；随着高铁开通时间的延长，高铁对沿线及周边区域生产性服务业的贡献更大。吴昌南和陈小兰（2014）通过对高速公路密度与服务业全要素生产率的关系研究，发现在我国东部地区两者存在正相关关系，在我国中部和西部地区两者存在负相关关系。高翔等（2015）利用经济普查数据和县域高速公路数据研究交通基础设施对于第三产业劳动生产率的影响，发现有高铁连接的地方，第三产业的生产率更高。覃成林等（2016）估计了高铁对集聚经济的影响，使用2003~2012年全国218个地级市数据进行回归，认为高铁对生产性服务业集聚产生3%~6%的正向影响。郭璐筠（2016）实证了沪宁高铁对沿线旅游业集聚水平的影响，发现高铁开通后沿线城市的旅游业集聚水平变化显著。邓涛涛等（2017）在面板数据回归模型中引入交通可达性因素分析高铁对京沪沿线枢纽型以及节点型城市旅游业的影响，发现旅游专业化程度低的城市受到高铁可达性变化的影响更加显著。

总之，上述研究表明，高铁建设能够促进制造业、生产性服务业的空间集聚，那么高铁建设对房地产业也会产生强化其空间集聚的影响吗？如果是，我国现行的房地产宏观调控区域政策重点在一、二线核心大城市就是顺理成章了。但是，房地产业与制造业最大的区别是位置固定性和产品不可移动性，高铁建设究竟如何影响房地产业空间格局变化？我国房地产宏观调控区域政策是否需要做调整？现有文献涉及高铁对房地产投资影响研究尚少。本章将通过挖掘2007~2017年全国列车班次数据表，构建评价高铁对地级市影响性的主要指标，并控制一系列有可能影响高铁开通地级市房地产开发投资的变量，研究高铁对于其站点开通城市的空间格局影响。

第二节 高铁建设对房地产空间格局变化影响分析

高铁对房地产投资空间效应影响的机理是：高铁对房地产业存在区位强化效应、市场结构效应和要素整合效应，即高铁建设提升了沿线城市可达性，使生产要素流动时间更节约、空间更扩展，促进了区域之间人与物流动，带来市场潜力规模扩大，交易成本和运输成本下降，促进本地市场与外地市场的一体化，在循环累积作用下，要素整合效应和集聚力逐渐增强。

本书参考Martin（1995）的研究，引用新经济地理学两区域模型探讨高铁建设对房地产业空间格局变化的影响。

假设有两个区域，在每个区域中，一个典型的顾客通过选择一系列的物品进行消费以最大化自己的消费者效用：

$$U = \frac{1}{\alpha^{\alpha}(1-\alpha)^{1-\alpha}} D^{\alpha} Y^{1-\alpha} \qquad (8-1)$$

式中，Y 为基准商品，D 是由很多差异化产品构成的复合商品。

$$D = \left[\sum_{i=1}^{N} D_i^{1-\frac{1}{\sigma}}\right]^{1/(1-\frac{1}{\sigma})}, \quad \sigma > 1 \qquad (8-2)$$

式中，N 是在本区域和本区域外生产的商品数量总和。这个数量与生产商品的区域原始禀赋有关系，而企业的地理位置决定于均衡状态。一个典型的本区域消费者在预算约束下选择 D_i 和 Y 来最大化式（8-1）：

$$\sum_{i=1}^{n} \tau_D p_i D_i + \sum_{j=n+1}^{N} \tau_I \tau_I^* p_j^* D_j + Y = I \qquad (8-3)$$

式中，p_i 和 p_j^* 分别代表本区域的区域内物价水平和区域外物价水平，Y 为商品数量，I 为收入预算约束。τ_D、τ_I、τ_I^* 分别为本区域的区域内交易的运输成本、本区域的跨区域交易运输成本、本区域外的跨区域交易运输成本。在式（8-3）中，当 $1/\tau_D < 1$ 时，消费者选择消费本区域的商品；当 $1/\tau_I \tau_I^* < 1$ 时，消费者选择消费本区域外的商品。选择消费本区域外的商品导致的跨区域运输成本为 τ_I^*，区域内运输成本为 τ_I。假设 $\tau_D < \tau_I \tau_I^*$，即商品在本区域生产比在本区域外生产运输成本更低，g_D 为国内运输基础设施的现有程度，那么：

$$\tau_D = \tau_D(g_D), \quad \frac{\partial \tau_D}{\partial g_D} < 0 \qquad (8-4)$$

假设每一种商品有一个固定的资本投入要求，劳动在不同区域之间无法流动但在不同行业之间可以流动。不同的商品区分只取决于资本和劳动量的不同。一个单位的商品生产需要一个单位的资本，所以每个区域能够生产的商品数量取决于每个区域的资本禀赋。在本区域有 K 个单位的资本，在本区域外有 K^* 个单位的资本。每个商品需要的单位劳动力成本为 β。市场环境假设为垄断竞争，通过选择 p_i 来最大化利润：$p_i = w\omega\sigma/(\sigma-1)$。在均衡状态下，$w\sigma/(\sigma-1)$ 是平均成本和边际成本的比例。σ 可为均衡规模经济指标的倒数。资本的租金等于收益和劳动力成本之差：

$$r = p_i x_i(p_i) - w\beta x_i(p_i) = \frac{w\beta x}{\sigma-1} \tag{8-5}$$

假设区域与区域的区分仅仅是高铁建设水平不同，本区域的高铁发展水平要比本区域外差（$\rho_D < \rho_D^*$）。较为富裕的区域（本区域外）和较为贫穷的区域（本区域）之间的企业数量之差等于从贫穷区域转移到富裕区域资本的两倍：

$$n^* - n = 2(K-n) = 2K \frac{\rho_I \rho_I^* (\rho_D^* - \rho_D)}{(\rho_D - \rho_I \rho_I^*)(\rho_D^* - \rho_I \rho_I^*)} \tag{8-6}$$

由式（8-6）可见，当两个区域之间有贸易往来时，企业趋向流动去有着更好高铁设施的区域。更低的 ρ_D（更高的 τ_D）会提高本区域制造的商品对于本地消费者的价格，因此降低了本区域消费者对本地制造商品的需求，间接提高了本区域消费者对于本区域外商品的需求。企业会选择流向有着更高市场需求和更好运输条件的区域，这样的选择也能够让规模收益得到提升。

在以上模型基础上，进一步考虑本区域内高铁建设水平的提升改善对于产业地理位置的影响。对于某个可以提升区域内运输基础设施的政策，需要综合成本收益去分析。假设每一单位的运输基础设施成本为 c：$cdg = -dI$，同时 $\dfrac{\partial I}{\partial g_D} = -c$。在政府影响下的高铁等区域运输基础设施改善，可带来的产业地理位置流动效应如下：

$$\frac{\partial n}{\partial g_D} = -\frac{\partial n^*}{\partial g_D} = \frac{\sigma - \alpha K + K^*}{\sigma} \frac{1}{L+L^*}\left(-\frac{cL\rho_D^*}{\rho_D^* - \rho_I \rho_I^*} + \frac{L^* I^* \rho_I \rho_I^*}{(\rho_D - \rho_I \rho_I^*)^2}\frac{\partial \rho_D}{\partial g_D}\right) \tag{8-7}$$

式（8-7）中括号里的第一项是政府融资如税收对于收入的负效益，第二项是提升了区域内高铁等运输基础设施的正效益。由于 $\rho_D = \tau_D^{1-\sigma}$，$\dfrac{\partial \rho_D}{\partial g_D} = (1-\sigma)\tau_D^{-\sigma}\partial \tau_D/\partial g_D < 0$，当区域内商品由于运输基础设施改善而提高的需求

大于由于税收而降低的需求时，区域内高铁等运输基础设施改善将吸引企业流向这个区域。对于区域内运输基础设施的改善越大，区域间的交通情况越好，这是由于式（8-7）括号中的第二项ρ_I和ρ_I^*提升导致。分析其中的主要原因在于，好的区域间运输基础设施和规模经济作用会放大产业对于区域内运输基础设施改善的敏感性。如果相对贫穷区域内的基础设施改善了，区域外的企业由于区域内产生的高需求，将流动至这个区域。在跨区域高铁设施发达的情况下，产业更容易利用新的高铁设施而重新选择企业的地理位置。工人会流向实际工资高的地区，而离开实际工资低于平均水平的地区。因此，劳动力人口会向产业集聚的地区转移，形成区域人口集聚。

房地产投资效用与人口、经济等因素存在正向相关关系。高铁建设提高了高铁开通城市的可达性，产生时空收敛效应和空间叠加效应，增强了高铁开通城市的区位优势，扩展了城市的市场潜力，增加了沿线城市的就业机会，提高了人才与就业机会的匹配，带动城市人口平均收入的提升，扩大了房地产产品需求，引起房价与租金的上涨，导致城市房地产投资增加。同时，高铁的时空压缩效应有利于缩短城市之间的时空距离，对于时间距离相对于空间距离更关键的房地产业，为其在更大范围内集聚创造了条件，促进房地产业集聚发展。但受土地资源供给有限的制约，房地产业集聚发展的中心城市面临企业竞争加剧，房地产开发成本随土地供应价格的飙升而飙升，产生拥挤效应，开发商的利润空间受到挤压，导致部分房地产企业和投资向高铁沿线中心城市以外的中小城市扩散。

第三节　模型和数据

一、空间计量模型

本书构建的空间计量模型如下：

$$\text{Invest}_{it} = \beta_0 + \beta_1 \text{DIT}_{it} + \beta_2 \text{Controls}_{it} + \varepsilon_{it} \tag{8-8}$$

式中，Invest_{it} 为在 i 地级市 t 年的全国通高铁地级市的房地产开发企业投资完成额，DIT_{it} 为根据 Limtanakool 等（2007）的研究框架和方法计算的优势度指数，以这个指数来说明单个高铁开通城市作为节点的强度。Controls_{it} 为模型的控制变量。

由于高铁建设具有空间溢出效应，且本书构建的核心变量受到空间相关关系的影响，因此选用空间计量模型进行实证：

$$\text{Invest}_{it} = \beta_0 + \rho \sum_{j=1}^{n} w_{ij} \text{Invest}_{jt} + \beta_1 \text{DIT}_{it} + \beta_2 \text{Controls}_{it} + \theta_1 \sum_{j=1}^{n} w_{ij} \text{DIT}_{it} + \theta_2 \sum_{j=1}^{n} w_{ij}$$
$$\text{Controls}_{it} + \varepsilon_{it} + \mu_i + \varphi_t \tag{8-9}$$

式中，w_{ij} 是空间矩阵，$\sum_{j=1}^{n} w_{ij} \text{Invest}_{jt}$ 为因变量的空间滞后项，$\sum_{j=1}^{n} w_{ij} \text{DIT}_{it}$ 和 $\sum_{j=1}^{n} w_{ij} \text{Controls}_{it}$ 是自变量和控制变量的空间滞后项，ε_{it} 为随机误差项，μ_i 为空间效应，φ_t 为时间效应。

在空间杜宾模型中，为了更好地描述空间相互影响，LeSage 和 Pace 区别了直接效用和间接效用。直接效用为自变量在该地区对于因变量的影响，间接效用为自变量在其他地区对于因变量的综合影响平均。空间杜宾模型表述如下：

$$(I - \rho W) Y = t_n \beta_0 + \beta X + \theta W X + \varepsilon \tag{8-10}$$

设：$P(W) = (I_n - \rho W)^{-1}$，$Q_m(W) = P(W)(I_n \beta_m + \theta_m W)$

由此，式（8-10）可以表示为：

$$Y = \sum_{m=1}^{k} Q_m(W) X_m + P(W) t_m \beta_0 + P(W) \varepsilon \tag{8-11}$$

以矩阵形式表现如下：

$$\begin{pmatrix} Y_1 \\ \vdots \\ Y_n \end{pmatrix} = \sum_{m=1}^{k} \begin{bmatrix} Q_m(W)_{11} & \cdots & Q_m(W)_{1n} \\ \vdots & \ddots & \vdots \\ Q_m(W)_{n1} & \cdots & Q_m(W)_{nn} \end{bmatrix} \begin{pmatrix} X_{1m} \\ \vdots \\ X_{nm} \end{pmatrix} + P(W)(\tau_0 \beta_0 + \varepsilon) \tag{8-12}$$

式中，m 代表了届时变量的数量，$Q_m(W)_{nn}$ 矩阵的总和为总体效应，在该矩阵的对角线之和为直接效应，反对角线之和为间接效应，即空间溢出效应。

二、变量的选择

（一）被解释变量

本章的被解释变量为全国通高铁地级市的房地产开发企业投资完成额 Invest（单位为万元），解释变量为 $DIT_i = \dfrac{T_i}{(\sum\limits_{j=1}^{J} T_j / J)}$ ，其中，T_i 是和城市 i 有高铁连通往来的班次总和，$i \neq j$。优势度指数 DIT_i 大于 1 的城市为主流城市，主流城市在高铁网络中的重要性大于其他城市（单位为百分比%）。

（二）控制变量

1. 住宅（商服）用地占比 COM

即不同地级市用地结构中住宅（商服）用地占地级市用地面积比率。由于在我国开通高铁的地级市中，不同等级的城市差异性较大。高等级城市服务业发达，用地结构中住宅（商服）用地占比高，而低等级城市第二产业比重较大，用地结构中工业用地占比较大。用地结构特征在一定程度上反映了城市主要产业类型和等级，也间接反映了房地产用地的稀缺状况，对房地产企业投资产生影响。

2. 城市人口规模 CIT

用年末城市人口数量来表示（单位为万人）。城市人口规模可以反映房地产市场需求面拉动房地产投资的程度。城市规模大，人们消费需求程度高，房地产市场的消费力大。单因素统计模型研究证明，房地产企业投资完成额与高铁开通城市人口规模呈现显著的正相关。

3. 制造业规模 MAN

用年末城市制造业就业人员数来表示（单位为万人）。房地产业作为服务业中的一类行业，不仅与金融服务业、社会服务业等第三产业内部产业有关联，更与制造业等第二产业密切相关。制造业发展吸引投资、劳动力向城市流动，扩大城市人口规模，推动城市的发展，为房地产业发展创造条件。单因素统计模型证明，房地产企业投资完成额与高铁开通城市的制造业规模也存在显著的正相关关系。

4. 每个地级市的人均生产总值 PGDP

以每年的城市 GDP 除以当年的年末人口数量来表示，单位为元。

5. 每个地级市对外开放程度 OPEN

每个地级市的对外开放政策影响着该地级市的贸易和资本流向，决定着该地级市与外界市场联系的密切程度。房地产的需求在一个有着更大开放程度的地级市会更旺盛，由此有可能带来房地产的投资聚集。OPEN 指标以该地级市的对外投资额与 GDP 的比例计算得来（单位为百分比%）。

第四节　高铁开通对房地产投资集聚的实证结果

为了检验高铁开通对房地产投资聚集的影响并衡量变量间的空间相关关系，对比普通最小二乘法以及空间计量法的实证结果，如表 8-1 所示。表中模型（1）和模型（2）由普通最小二乘法回归（OLS）所得，模型（3）和模型（4）为空间自回归模型（SAR）结果，模型（5）和模型（6）为空间误差模型（SEM）结果，模型（7）和模型（8）为空间杜宾模型（SDM）。通过模型中的 R 值以及相关方差（Corr-squared）值，模型总体拟合优度较高。根据模型计算结果，空间杜宾模型（SDM）的 R^2，Corr-squared 以及 Log-L 值比其他模型更大，Sigma^2 值在空间杜宾模型（SDM）中比其他模型更低，模型（8）在时间固定效用下拟合得更好。

DIT 和控制变量在每一个模型中都显著，说明高铁和各个控制变量对于房地产开发企业投资具有显著相关关系。DIT 的系数明显比 COM 的系数大，且更为显著，说明高铁对于房地产开发企业投资的作用要大于住宅（商服）用地占比。W×dep. var 在模型中为正，且在不同的模型中均显著，说明了房地产开发企业投资具备空间效应。CIT、MAN、PGDP、OPEN 在每一个模型中都在 1% 的水平下显著，可以认为城市人口规模、制造业规模、人均生产总值、对外开放程度对于房地产开发企业投资均具有影响。其中，制造业规模的系数最高，其次是城市人口规模，反映了制造业规模和城市人口规模对于房地产开发企业投资具有较高程度的影响，相较而言，人均生产总值和住宅（商服）用地占比对于房地产开发企业投资的影响要稍小。

表 8-1　高铁的开通对房地产投资集聚影响的 OLS、SAR 和 SEM 模型

变量	OLS		SAR		SEM	
	模型（1）	模型（2）	模型（3）	模型（4）	模型（5）	模型（6）
DIT	0.056*** (14.804)	0.026*** (7.501)	0.058*** (13.890)	0.030*** (7.646)	0.049*** (14.338)	0.036*** (8.818)
COM	0.007** (2.034)	0.006* (1.834)	0.007** (2.20)	0.006* (1.92)	0.008** (2.50)	0.001* (0.538)
CIT	—	0.730*** (15.103)	—	0.744*** (14.893)	—	0.889*** (16.612)
MAN	—	4.511*** (16.505)	—	4.487*** (16.277)	—	4.768*** (17.106)
PGDP	—	0.022*** (7.615)	—	0.019*** (11.763)	—	0.018*** (10.926)
OPEN	—	0.248*** (4.201)	—	0.248*** (4.605)	—	0.225*** (3.765)
W×dep. var	—	—	0.142** (2.414)	0.096** (1.886)	0.069* (0.919)	0.267*** (3.964)
R^2	0.556	0.730	0.569	0.733	0.559	0.737

续表

变量	OLS		SAR		SEM	
	模型（1）	模型（2）	模型（3）	模型（4）	模型（5）	模型（6）
Corr-squared	0.555	0.729	0.567	0.734	0.559	0.737
Sigma^2	0.669	0.418	0.680	0.415	0.698	0.409
Log-Likelihood	-715.827	-569.593	-714.096	-599.672	-716.32	-577.067

注：***、**、* 分别表示在 1%、5%、10% 的统计水平上该系数是显著的；括号内为 t 值。下同。

　　SDM 模型有着更大的 R^2 值，如表 8-2 所示。从变量的显著程度中可以发现，高铁对于房地产开发企业投资集聚具有更深层次的影响。住宅（商服）用地占比和人均生产总值对于房地产开发企业投资集聚的影响要小。通过 W×DIT、W×CIT、W×PGDP 和 W×COM、W×OPEN 值，高铁对于房地产开发企业投资集聚具有负的空间效应，即空间聚集效应；城市人口规模和人均生产总值对于房地产开发企业投资同样存在空间集聚效应；而住宅（商服）用地占比和城市对外开放程度对于房地产开发企业投资则具有正的空间效应，即空间溢出效应；制造业规模对于房地产开发企业投资的空间影响不稳定。

表 8-2　高铁的开通对房地产投资集聚影响的 SDM 模型

变量	SDM		变量	SDM	
	模型（7）	模型（8）		模型（7）	模型（8）
截距	1.730*** (3.603)）	—	—	—	—
DIT	0.042*** (11.048)	0.041*** (10.879)	W * DIT	-0.025*** (-3.544)	-0.035*** (-3.781)

续表

变量	SDM		变量	SDM	
	模型（7）	模型（8）		模型（7）	模型（8）
COM	0.006 ** (2.125)	0.005 * (1.805)	W×COM	0.043 *** (8.345)	0.055 *** (8.245)
CIT	0.753 *** (18.115)	0.761 *** (18.199)	W×CIT	−0.997 *** (−12.995)	−0.786 *** (−5.908)
MAN	4.271 *** (19.525)	4.584 *** (19.504)	W×MAN	−2.976 *** (−5.682)	−0.468 (−0.459)
PGDP	0.012 *** (8.312)	0.025 *** (8.635)	W×PGDP	−0.016 *** (−9.377)	−0.017 *** (−8.664)
OPEN	0.333 *** (4.321)	0.336 *** (4.335)	W×OPEN	0.676 *** (4.665)	0.657 *** (3.875)
W×dep. var	0.326 *** (5.621)	0.259 *** (4.369)	Sigma^2	0.265	0.264
R^2	0.83	0.826	Log-likelihood	−482.646	−421.875
Corr-squared	0.798	0.802	—	—	—

空间杜宾模型由直接效用、间接效用和总效用构成，如表 8-3 所示。在直接效用和间接效用中，DIT 变量均较为显著。模型（7）和模型（8）的 DIT 在直接效用中于 1% 的水平下显著为正，在间接效用中分别于 10% 和 5% 的水平下显著为负。直接效用显著为正意味着在一个地级市中高铁对房地产开发企业投资的集聚具有正相关关系的影响。间接效用显著为负意味着高铁开通地级市的周边地区对于本地级市内房地产开发企业投资的集聚具有负效应，即 DIT 产生了一定的空间集聚效应。控制变量的城市人口规模 CIT 和人均生产总值 PGDP 同样在直接效用下显著为正、在间接效用下显著为负，说明在一个地级市中城市人口规模和人均生产总值对房地产开发企业投资的空间集聚具有正相关关系影响，而高铁开通地级市周边地区的城市人口规模和

人均生产总值对于本地级市内房地产开发企业投资的空间集聚具有负效应，CIT 和 PGDP 同样产生了一定的空间集聚效应。与此相反，地级市住宅（商务）用地占比 COM 和对外开放程度 OPEN 反映出较强的空间溢出效应。

表 8-3 高铁的开通对房地产投资集聚影响的 SDM 模型直接效用、间接效用及总效用

变量	模型（7）			模型（8）		
	直接效应	间接效应	总效应	直接效应	间接效应	总效应
DIT	0.042 *** (0.289)	-0.016 * (-1.786)	0.028 *** (3.364)	0.041 *** (10.846)	-0.025 ** (-2.541)	0.01 * (1.022)
COM	0.006 * (1.525)	0.055 *** (7.855)	0.05 *** (6.358)	0.004 * (1.299)	0.063 *** (7.345)	0.059 *** (6.245)
CIT	0.703 *** (17.115)	-1.061 *** (-9.299)	-0.386 *** (-3.55)	0.743 *** (17.834)	-0.797 *** (-4.995)	-0.086 (-0.118)
MAN	4.271 *** (18.525)	-2.584 *** (-2.504)	1.937 ** (2.66)	4.389 *** (17.556)	0.776 (0.582)	5.068 *** (3.459)
PGDP	0.011 *** (3.312)	-0.024 *** (-8.635)	-0.054 *** (-6.887)	0.013 *** (3.934)	-0.015 *** (-2.377)	-0.037 * (-1.664)
OPEN	0.263 *** (5.321)	1.336 *** (5.335)	1.291 *** (6.269)	0.285 *** (4.831)	0.976 *** (4.665)	1.657 *** (4.875)

第九章　研究结论与政策启示

第一节　研究结论

第一，新经济地理学认为，随着区域之间距离缩短会带来运输费用的降低，可以对区域之间的交易成本实现弥补。在该地区直接节省的运输成本大于交易费用时，随着开放程度的扩大，公司经营的分散力有较为迅速的降低，同时分散力的降低速度会超过聚集力的增强速度。一旦突破临界点，分散力低于聚集力时，行业会受到特定地区循环累积因果关系的影响，使区域市场效应被放大，产业布局会在一个区域内实现大规模聚集。由于市场力倾向于增加区域间的不平衡，这会放大区域的本地市场效应，推动产业集聚。中国高铁快速发展，极大地改善了我国交通基础设施状况，显著降低了人员运输的时间成本和交易成本，对产业和城市空间布局具有显著影响。然而，现有科学研究主要关注高铁发展等交通基础设施改善对制造业、直接服务于制造业的生产性服务业和以人流为对象的旅游业空间布局的影响，很少涉及高铁建设对房地产业空间布局的影响。房地产业作为中国重要的支柱产业和民生产业，随着我国城市化步入中后期，正经历从全面开花向重点区域及城市发展的转型，国家对房地产业宏观调控也正在由全国"一刀切"政策走向区域差别化调控。究竟哪些区域和城市应该重点发展？哪些区域和城市应该适当放缓发展？实现房地产供需的区域平衡，是当前我国房地产宏观调控亟须解决的现实问题。本书探索的核心科学问题是，我国高铁发展如何影响房地产业空间格局变化？现有文献对此问题尚未进行系统研究，因此本书具有重要的学术理论价值。

第二，高铁对房地产投资空间效应的影响机理是，由于高铁对房地产业存在区位强化效应、市场结构效应和要素整合效应，随着高铁网络日益完善、运输时间成本和交易成本不断下降，高铁的建设开通显著改善了高铁开通城市的区域内和区域间交通基础设施。若区域内商品由于运输基础设施改善而提高的需求大于由于税收而降低的需求时，区域内运输基础设施的改善将吸引企业流向这个区域。对于区域内运输基础设施的改善越大，区域间的交通情况也越好。如果在相对贫穷的区域内基础设施改善了，区域外的企业由于区域内产生的高需求，将流动至这个区域。在跨区域运输基础设施发达的情况下，产业更容易利用新的运输基础设施而重新选择企业的地理位置。房地产投资效用与人口、经济、市场潜能等因素存在正向相关关系。若高铁发展导致人口、经济向核心城市（高铁沿线的大城市）空间集聚，使集聚地区（核心城市）市场潜能扩大，引起房价与租金的上涨，便会引起核心城市房地产投资的增加，表现为房地产投资和房地产的产业规模向核心城市集聚。反之，若高铁发展导致人口、经济的空间溢出，市场潜能在空间上溢出，引起高铁沿线中小城市房价与租金的上涨，便会引起沿线中小城市房地产投资的增加，表现为房地产投资和房地产的产业规模由核心城市向中小城市溢出。集聚与溢出是一个动态过程。核心城市聚集到一定程度，核心城市将面临土地资源稀缺的"瓶颈"，必然要出现向中小城市溢出。在房地产发展一定阶段，向核心城市聚集与向中小城市溢出可能同时发生。正如 Krugman（1999）指出的，运输成本降低对产业的影响是两方面的，不仅促进产业的集聚，而且也会使产业分散。

第三，通过中国高铁对房地产投资空间效应影响的观测与统计分析发现，一是 2007~2017 年，我国房地产业的空间异质性在减弱，无论房地产开发投资额还是房地产就业人数，按省域计算都在逐步均衡。二是代表高铁开通区位强化效应的高铁网络节点强度指标，与房地产开发投资完成额和房地产就业人数都呈现显著正相关，从实际经验数据上证实了高铁枢纽城市带动房地产投资的事实。三是代表高铁开通市场结构效应的市场潜力指标，通过对2007~2017年开通高铁的210个地级城市在高铁开通前后的市场潜力值测算，几乎所有城市高铁开通后的市场潜力值都普遍增加；统计模型分析也表明，房地产投资完成额和房地产就业人数都与高铁站点开通地级市的市场潜力呈现显著的正相关，从实际经验数据上证实了高铁促进市场潜能高提升、吸引房地产开发投资的事实。四是按照房地产经济学区域经济三部门模型，高铁城市人口规模、制造业规模与房地产业应该有正相关关系。城市人口规模可以反映从房地产市场的需求面，拉动房地产投资完成额的程度。城市规模大，人们消费需求程度高，房地产市场的消费力大。统计模型研究验证了房地产投资完成额和房地产就业人数与高铁开通城市人口规模呈现显著的正相关。另外，房地产业作为服务业中的一类行业，不仅与金融服务业、社会服务业等第三产业内部产业有关联，更与制造业等第二产业密切相关。制造业发展吸引投资、劳动者向城市流动，扩大城市人口规模，推动城市的发展，从而为房地产业发展创造条件。统计模型表明，房地产开发投资完成额与高铁开通城市的制造业规模存在显著的正相关关系。上述研究验证了本书第三章中关于高铁发展对房地产投资空间格局变化的理论分析，可以将节点强度、市场潜力、城市人口规模、制造业规模作为解释变量和控制变量，构建面板数据模型和空间面板数据模型，深入研究高铁发展对房地产投资的空间效应。

第四，在房地产经济学区域经济三部门模型基础上将高铁因素加入模型，构建了实证面板数据模型。采用混合回归、聚类标准误回归、固定效应、双向固定效应、随机效应和异方差修正回归6种模型分别估计并筛选模型效果，通过变换自变量指标对实证结果的稳健性进行检验。面板数据模型研究表明：一是房地产投资完成额和房地产就业人数与高铁网络节点强度都呈现正相关，表明从网络结构分析的高铁开通城市节点强度对房地产开发投资具有显著正向影响作用。城市节点强度越大，房地产开发投资完成额越大，房地产从业人员数量也越多。这解释了高铁开通的地级市在交通网络中更重要，人们出行更便捷，更容易吸引房地产投资。二是房地产投资完成额和房地产就业人数与市场潜力也都呈现显著正相关，表明高铁开通的地级市，城市可达性增加，市场潜力扩大，该地级市房地产开发投资亦会增加，房地产从业人员越集聚。这可以解释为人们对市场潜力高的地级市房地产需求较高，而需求的上升提高房价与房租价格，房地产供给将会上升，从而提高了该地区房地产投资。三是房地产投资完成额和房地产就业人数与城市人口规模、制造业规模同样都呈现显著的正相关关系，这解释了在人口众多、制造业发达的地级市，城市本地的房地产市场规模大，人们购买力较强。同时，城市人口规模大、制造业规模大的城市，其通信水平、交通便捷状况和教育水平偏高，此类优势可以将更为大量的人口吸引到该区域。因此，对应的住房需求会有所提升，带动房地产价格随之提升，有着更多的房地产开发投资。因此，面板数据模型研究进一步验证了本书第三章的部分机理，即房地产投资效用与人口、经济、市场潜能等因素存在正向相关。高铁发展导致人口、经济向高铁沿线城市空间集聚，市场潜能扩大，促进房地产投资沿高铁站点城市集聚。同时，也从计量经济模型验证了第五章的观测与统计分析结果。高铁因素应该是房地产投资空间效应模型的重要解释变量。

第五，采用 SARAR 空间经济计量模型和动态空间自回归模型进行空间面板数据模型实证研究，并用空间杜宾模型进行稳健性检验，通过模型分析计算证明，高铁开通对房地产投资存在空间集聚和空间溢出，验证了本书第三章有关高铁开通对房地产投资空间效应的机理研究结论。具体来讲，首先，在加入空间权重后，地级市的交通网络节点强度、市场潜力、城市人口规模、制造业规模等解释变量，在多数情况下都与房地产开发投资完成额呈显著正相关，证明高铁开通对房地产投资具有稳定的区位强化效应、市场结构效应和要素整合效应，高铁发展通过显著改善本地和跨城市间的交通联系，降低人员运输成本和交易成本，促进产业、人口、资金、信息等生产要素在空间

上的流动，从而促进房地产投资的空间流动。其次，空间面板数据模型研究
证明，相邻地级市高铁发展和交通改善对本地级市房地产投资和房地产就业
规模有显著的空间溢出效应。当被解释变量为房地产开发投资完成额时，高
铁开通对房地产开发投资完成额的空间效应表现为集聚与溢出同时存在。当
被解释变量为房地产从业人数时，高铁开通对房地产从业人数的空间效应表
现为核心城市向周边小城市的溢出。再次，进一步研究还发现，在只考虑地
域差异性因素情况下，具有空间权重的市场潜力、城市人口规模、制造业规
模在杜宾模型中都具有显著性，表明高铁开通促进了地级市的市场潜力、城
市人口、制造业的空间溢出，可能是引导房地产投资和就业规模空间溢出的
原因之一。又次，空间面板数据模型研究表明，当只考虑地域差异性因素时，
高铁开通产生的跨城市间空间溢出效应大于核心城市的"虹吸效应"；但当
考虑时间变迁和空间差异两个因素时，高铁开通产生的核心城市"虹吸效
应"大于跨城市间空间溢出效应，这个现象在房地产开发投资完成额的空间
溢出表现更为明显。最后，动态空间自回归模型测算结果表明，高铁开通对
地级市的房地产投资本地效应远大于跨城市的空间溢出效应，从实证上验证
了新经济地理（空间经济学）的重要理论，即基础设施改善将强化本地经济
的循环累积效应，此结论与其他研究交通基础设施影响的结论基本一致。

　　总之，房地产投资效用与人口、经济、市场潜能等因素存在正向相关关
系。若高铁发展导致人口、经济向核心城市（高铁沿线的大城市）空间集
聚，使集聚地区（核心城市）市场潜能扩大，引起房价与租金的上涨，便会
引起核心城市房地产投资的增加，表现为房地产投资和房地产就业规模向核
心城市集聚。反之，若高铁发展导致人口、经济的空间溢出，市场潜能在空
间上溢出，引起高铁沿线中小城市房价与租金的上涨，便会引起沿线中小城
市房地产投资的增加，表现为房地产投资和房地产就业规模由核心城市向中
小城市溢出。具体表现为集聚或溢出，它取决于高铁交通基础设施的网络效
应和本地效应。高铁开通导致的交通基础设施改善具有网络效应，即本地房
地产从业人数的增加有助于促进人流和贸易往来，进一步促进其他相邻地区

房地产从业人数的增长。同时，高铁开通导致的交通基础设施改善还具有本地效应，即本地的房地产开发投资完成额增加会将周边地区的人力和资本等要素吸引到本地，对周边地区地级市的房地产开发投资带来不利的影响。若本地交通基础设施改善具有的本地效应小于网络效应，相邻地区的高铁交通基础设施改善对本地房地产开发投资完成额的正向溢出效应超过了负向溢出效应，表现为房地产投资和房地产就业规模由核心城市向中小城市溢出。若本地交通基础设施改善具有的本地效应大于网络效应，相邻地区的高铁交通基础设施改善对本地房地产开发投资完成额的负向溢出效应超过了正向溢出效应，表现为房地产投资和房地产就业规模向核心城市集聚。这是一个动态过程，正如 Krugman（1999）指出的，运输成本降低对产业的影响是两方面的，不仅促进产业的集聚，而且也会使产业分散。高铁发展正在促进房地产业由集聚向分散转化，改变房地产业的空间格局。

第二节　讨论

新经济地理核心—边缘模型（CP 模型）认为，市场接近效应、生活成本效应和市场拥挤效应的前两种效应促进企业空间集聚，后一种效应促进企业分散。核心—边缘模型长期均衡分析表明，经济的聚集或分散取决于聚集力和分散力大小。如果聚集力大于分散力，将产生经济的聚集；反之，则产生经济的分散。企业分散或者集聚的影响因素有很多，如地租、劳动力市场、国家区域政策等，其中运输成本和规模经济在核心—边缘模型中是对经济活动的空间结构变化产生影响的两个主要因素。两者的博弈使得经济活动在空间上出现集聚或者分散的现象。当运输成本高于集聚带来的规模效益时，企业依然会选择最初的分散状态。但当运输成本降低时，企业就会为了追逐规模效益带来的好处而集聚，出现中心—外围的模式。

　　高铁建设使我国交通基础设施得到根本性改善，降低劳动者的通勤成本和搜索成本，降低企业的运输成本，提高运输效率和资源配置的有效性，有利于国民经济又好又快地高质量发展。一方面，高铁等交通基础设施的改善能够扩大各区域市场的规模，促进各种生产要素及其知识技术在各区域间传播，对经济增长产生正向促进作用；另一方面，地区之间各方面联系会因高铁等交通基础设施的完善而增强，要素在不同地区之间流动，使分工精细化、专业化，产业不断集聚。

　　本书通过系统研究我国高铁发展对房地产投资的空间效应，从理论和实证两方面验证了新经济地理核心—边缘理论揭示的产业活动空间机制，总体上在房地产业也存在。但是与其他产业不同，一是房地产业是高度依赖土地的产业，一般土地支出占房地产开发投资总成本的30%左右。一、二线城市等核心城市虽然市场潜力大于中小型城市，但随着产业和人口集聚，土地资源稀缺性日益严重，导致土地成本大幅上升，房地产总成本大幅上涨，迫使一部分房地产企业到高铁沿线、发展条件好的中小型城市拿土地和发展，导致房地产业先行于其他产业向部分条件优越中小城市扩散和集聚。二是核心—边缘理论认为，高铁等交通基础设施改善导致运输成本降低，会使生产企业的产品价格竞争越来越激烈，迫使企业差异化产品以缓解价格竞争。因此产品差异化是促进集聚的强大推动力。然而房地产业的产品差异化远没有制造业和生产性服务业显著，相反房地产业普遍存在产品同质化趋势，因此高铁发展及运输和交易成本降低带来的房地产产品价格竞争加剧，很难通过产品差异化来缓解，也是促使部分房地产企业到高铁沿线、发展条件好的中小型城市扩散发展的重要原因。所以，我国高铁快速发展，总体上促进了房地产业空间格局由集聚向分散转化。

第三节　政策启示

房地产业作为中国重要的支柱产业和民生产业，随着我国城市化步入中后期，房地产宏观调控政策也应该做适当调整。

第一，从欧美日等发达国家高铁发展的实践看，高铁对落后地区经济带动十分明显。我国东西部地区的社会经济发展差距较大，且随着我国市场化改革深入，这种东西部分化日趋严重。高铁发展总体上促进房地产投资由集聚向高铁沿线中小城市扩散。如何用好高铁发展对房地产投资空间格局变化的机遇，选择西部部分重点城市进行房地产业和配套实体产业（包括制造业和第三产业）的重点扶植，将房地产宏观调控与落后区域发展结合起来，打造西部的区域经济增长点，带动西部经济发展，充分发挥高铁等交通基础设施建设对跨区域社会经济发展的促进作用，是我国房地产宏观调控政策调整的方向之一。

第二，改变国家对房地产采取按一、二、三、四线分类城市调控方式，研究制定按照城市群调控的政策。高铁发展强化了房地产投资的核心—边缘空间机制，增强了城市群核心城市与周边中小城市的空间联系和一体化。现在房地产仅控制核心大城市需求和投资的方式，导致房地产需求和投资沿高铁网向周边无序外溢，使城市群房地产总供给与总需求严重失衡，核心城市周边的中小城市房地产严重过剩。建议采取按照城市群进行调控方式，确保城市群总供给与总需求平衡，并针对核心大城市和边缘中小城市统筹制定一体化的调控房地产供求平衡的政策措施。

第三，高铁扩大了沿线中小城市房地产市场潜力，导致房地产投资先行于其他产业向高铁沿线中小城市扩散，容易造成被溢出中小城市房地产过度投资，而支撑房地产业发展的制造业、第三产业及就业人口等发展跟不上房地产业的状况，出现产城不融合问题，造成大量土地资源过度开发、大面积房地产空置、房地产投资风险加大、隐藏系统性金融风险。因此，加强高铁沿线中小城市房地产投资溢出的宏观规划与管控，积极引导制造业、第三产业等实体产业向这些城市集聚和匹配发展，应该是房地产宏观调控又一重要任务。

第四，调整扩大国家住房租赁市场发展战略重点，除大力发展住房供求矛盾突出的核心大城市住房租赁市场外，应加强研究制定高铁沿线具有优越旅游、休闲资源的中小城市住房租赁市场发展政策，为候鸟型居住群体提供租赁住房服务，减少因大量候鸟型购房对这些城市土地资源的过度占用和资源浪费以及住房空置，提高住房利用效率，节约土地资源。例如，云南大理在 2018 年高铁开通后房地产开发投资呈井喷式增长，优质旅游资源——苍山洱海周边土地大片被圈占，大量住房被候鸟型外地人抢购，出现高房价、高土地开发率、高住房空置率并存的状况，对苍山洱海优美景观也是一种破坏。因此，限制住房出售、发展住房租赁已迫在眉睫。

第四节　研究展望

高铁作为一种新兴的运输方式，我国区域经济的发展随着高铁的不断发展也在不断地变化。高铁对房地产的影响是广泛而深远、多重而复杂的，关于高铁影响地级市房地产开发投资的研究深度及广度还需要继续加强。在研究内容上，需要关注房地产业转移及分工、区域经济合作、区域经济一体化发展、区域经济空间组织格局变化等与高铁之间的关系。在机制影响上，需要重视高铁对于国家区域经济发展战略调整和管理决策的影响，以及高铁的发展怎样可以影响房地产市场的宏观调控。本书尽管采用了各种理论和计量工具进行考察，但是研究中仍然需要深化，高铁对不同地区的影响会因为当地的制度、发达程度、人口密度、当前的交通状态、城市大小以及文化环境等多个要素的不同而构成差异化的影响。

（1）进一步划分城市等级进行房地产投资空间效应研究。本书关注全国范围的高铁网络，在 2007~2017 年中挑选出 210 个有高铁站点开通的地级市。研究这些地级市的房地产开发投资，在中国高铁发展的影响下，空间效应呈现怎样的影响。未来可以按照中国城市分级名单，将这些地级市分为一线至五线城市，观测在不同级别的这些城市中，受到高铁发展影响所呈现的空间效应大小。由于在第五章，按照高铁开通前一年和后一年商品房房价、房地产开发投资完成额和房地产从业人数变动大小，为 210 个高铁城市排序并罗列出各个指标的前二十名地级市名单，发现中小型高铁城市的指标变动幅度要大于大型高铁城市的指标变动幅度。将考虑选取分别适合一至五线城市的空间权重矩阵，通过建立空间计量经济学模型研究高铁发展对于不同级别的地级市影响程度大小并对比。

（2）按照地理位置及城市群研究高铁站点开通地级市的房地产开发投资空间效应。Zou 和 Qin（2017）把京沪线一带分成四个经济层次区域，预测了高铁京沪线将有利于工业走廊的发展和经济转型，但是沿线发展并不均衡，北京和上海获得最多的收益，并进一步扩大两个大城市在京沪线一带的主要经济优势地位。同样地，Wang 等（2009）研究发现，在高铁京沪线一带，虽然并没有发生显著的社会变革，但预期京沪线的开通将受益于皖北地区。随着高铁建设的快速发展，中国的中西部地区需要进一步增加地区竞争力，以避免由于高铁开通带来的中西部两极分化加剧。本书未来可以按照东部、中部、西部地理位置的划分，或者按照城市群进行划分，分别选取适宜的空间权重矩阵，用空间计量经济学的方法对比研究高铁发展对不同地区、不同城市群的房地产开发投资影响。

（3）进一步收集数据以拓宽高铁的研究视角。由于数据的可得性限制，本书研究的基础单元是地级市，把所有县级站点统一纳入了所属的地级。然而即使在同一个地级市内，不同县级市之间依然有差异，很多地级市内设立了不止一个高铁站，分别在不同的县级市内。未来可以尝试缩小研究单元，研究高铁发展对县域房地产的影响。

（4）研究了解高铁正向空间溢出效应的同时，分析并降低高铁负外部性的影响。虽然高铁的发展为房地产的投资开发以及经济的增长产生了空间溢出效应，而且不乏正的溢出效应。但在现实中，高铁的发展会带来噪声污染、环境污染甚至事故成本等的负外部性，而这些负的外部性同样应该引起重视，会对尤其是房地产开发投资产生影响。怎么综合考虑高铁发展中的成本收益，以降低其对房地产业以及进一步经济发展的负面影响，值得进一步研究。

附录 截至 2017 年 210 个高铁站点开通城市名单

安阳、鞍山、安顺、安庆、北京、蚌埠、保定、宝鸡、包头、本溪、白城、北海、百色、长沙、成都、重庆、长春、常州、潮州、郴州、沧州、滁州、池州、楚雄、常德、东莞、大庆、德州、大连、德阳、丹东、定西、达州、大理、恩施、鄂州、鄂尔多斯、福州、佛山、抚州、防城港、广州、贵阳、桂林、广元、贵港、赣州、广安、杭州、哈尔滨、合肥、衡阳、怀化、惠州、邯郸、呼和浩特、衡水、汉中、湖州、葫芦岛、鹤壁、海口、贺州、黄石、淮南、哈密、黄山、黄冈、淮北、海东、济南、济宁、嘉兴、金华、锦州、吉林、九江、荆州、嘉峪关、酒泉、焦作、景德镇、晋中、江门、昆明、开封、兰州、聊城、洛阳、娄底、漯河、柳州、来宾、六安、辽阳、临汾、丽水、廊坊、龙岩、乐山、茂名、绵阳、马鞍山、眉山、南京、南宁、宁波、南平、南充、内江、宁德、南通、南昌、莆田、萍乡、盘锦、齐齐哈尔、青岛、秦皇岛、泉州、衢州、曲靖、钦州、清远、上海、深圳、沈阳、石家庄、苏州、上饶、韶关、商丘、绍兴、四平、宿州、三门峡、三明、邵阳、三亚、汕尾、遂宁、十堰、随州、松原、天津、太原、唐山、泰安、天水、铁岭、吐鲁番、铜陵、台州、铜仁、泰州、武汉、无锡、乌鲁木齐、温州、潍坊、渭南、芜湖、梧州、威海、乌兰察布、西安、徐州、厦门、信阳、邢台、新乡、湘潭、新余、襄阳、西宁、咸宁、咸阳、许昌、孝感、兴安、鹰潭、岳阳、宜昌、宜春、烟台、运城、永州、阳泉、营口、阳江、延安、玉林、益阳、扬州、云浮、玉溪、郑州、株洲、镇江、淄博、肇庆、珠海、驻马店、枣庄、漳州、张掖、中山、遵义、湛江、资阳

参考文献

[1] Andersson D E, Shyr O F, Fu J., Does High-Speed Rail Accessibility Influence Residential Property Prices? Hedonic Estimates from Southern Taiwan [J]. Journal of Transport Geography, 2010, 18: (1): 166-174.

[2] Bae C H C, Jun M J, Park H. The Impact of Seoul's Subway Line 5 on Residential Property Values [J]. Transport Policy, 2003, 10 (2): 85-94.

[3] Banister D, Givoni M. High-Speed Rail in The Eu27: Trends, Time, Accessibility and Principles [J]. Built Environment, 2013, 39 (3): 324-338.

[4] Bajic V. The Effects of a New Subway Line on Housing Prices in Metropolitan Toronto [J]. Urban Studies, 1983, 20 (2): 147-159.

[5] Bollinger C R, Ihlanfeldt K R. The Impact of Rapid Rail Transit on Economic Development: The Case of Atlanta's Marta [J]. Urban Economics, 1997, 42 (2): 179-204.

[6] Brueckner J K . Transport Subsidies, System Choice, and Urban Sprawl [J]. Regional Science & Urban Economics, 2003, 35 (6): 715-733.

[7] Burghouwt G, Hakfoort J, Eck J R V. The Spatial Configuration of Airline Networks in Europe [J]. Journal of Air Transport Management, 2003, 9 (5): 309-323.

[8] Chen C L, Hall P. The Wider Spatial-Economic Impacts of High-Speed Trains: A Comparative Case Study of Manchester and Lille Sub-Regions [J]. Journal of Transport Geography, 2012, 24 (4): 89-110.

［9］ Chen C L. Reshaping Chinese Space－Economy through High－Speed Trains：Opportunities and Challenges ［J］. Journal of Transport Geography，2012 （22）：312-316.

［10］ Cheng Y S，Loo B P Y，Vickerman R. High-Speed Rail Networks，Economic Integration and Regional Specialisation in China and Europe ［J］. Travel Behaviour & Society，2015，2（1）：1-14.

［11］ Debrezion G ，Pels E，Rietveld P. The Impact of Rail Transport on Real Estate Prices an Empirical Analysis of the Dutch Housing Market ［J］. Urban Studies，2011，48（5）：997-1015.

［12］ Derudder B，Witlox F.，The Impact of Progressive Liberalization on the Spatiality of Airline Networks：A Measurement Framework Based on the Assessment of Hierarchical Differentiation ［J］.Journal of Transport Geography，2009 （17）：2371-2388.

［13］ Duncan M. The Impact of Transit－Oriented Development on Housing Prices in San Diego，Ca ［J］. Urban Studies，2011，48（1）：101-127.

［14］ Franklin J P，Waddel P. A Hedonic Regression of Home Prices in King County，Washington，Using Activity-Specify Accessibility Measures ［A］//Proceedings of the Transportation Research Board 82Nd Annual Meeting，Washington，D. C.，2003.

［15］ Froidh O，Nelldal B L . Regional High-Speed Trains on the Sve7land Line ：Evaluation of Effects ［C］. European Regional Science Association Conference，2008.

［16］ Givoni M. Development and Impact of the Modern High-Speed Train：A Review ［J］. Transport Reviews，2006，26（5）：593-611.

［17］ Green N. Functional Polycentricity：A Formal Definition in Terms of Social Network Analysis ［J］. Urban Studies，2007（44）：2077-2103.

［18］ Hall P. New Trends in European Urbanization ［J］. Annals of the

American Academy of Political And Social Science, 1980, 451（1）: 45-51.

［19］Hanson G H. Market Potential, Increasing Returns and Geographic Concentration ［J］. Journal of International Economics, 2005, 67（1）: 1-24.

［20］Harris C D. The Market as a Factor in the Localization of Industry in the United Stated ［J］. Annals of the American Association of Geographers, 1954, 44（4）: 315-348.

［21］Haynes K E. Labor Markets and Regional Transportation, Improvements: the Case of High-Speed Trains an Introduction and Review ［J］. Annals of Regional Science, 1997, 31（1）: 57-76.

［22］Jiao J, Wang J, Jin F. Impacts of High-Speed Rail Lines on the City Network in China ［J］. Journal of Transport Geography, 2017（60）: 257-266.

［23］Kim H W, Lee D H, Park H S. The Impact of Gyeongbu High Speed Rail Construction on Regional Economic Growth ［J］. Ksce Journal of Civil Engineering, 2013, 17（6）: 1206-1212.

［24］Limtanakool N, Schwanen T, Dijst M. A theoretical Framework and Methodology for Characterizing National Urban Systems on the Basis of Flows of People: Empirical Evidence for France and German ［J］. Urban Studies, 2007（44）: 2123-2145.

［25］Liu X, Derudder B, Wu K. Measuring Polycentric Urban Development in China: An Intercity Transportation Network Perspective ［J］. Regional Studies, 2016（50）: 1302-1315.

［26］Perl A D, Goetz A R. Corridors, Hybrids and Networks: Three Global Development Strategies for High Speed Rail ［J］. Journal of Transport Geography, 2015（42）: 134-144.

［27］Shaw S L, Fang Z, Lu S, Tao R. Impacts of High Speed Rail on Railroad Network Accessibility in China ［J］. Journal of Transport Geography, 2014.

［28］So H M, Tse R Y, Ganesan S. Estimating the Influence of Transport on

House Prices: Ecidence from Hong Kong [J]. Journal of Property Valuation & investment, 1997, 15 (1): 40-47.

[29] Wang J, Jin F, Mo H, Et Al. Spatiotemporal Evolution of China's Railway Network in the 20Th Century: An Accessibility Approach [J]. Transportation Research Part A: Policy and Practice, 2009, 43 (8): 765-778.

[30] Wang J, Jiao J, Jin F. Spatial Effects of High - Speed Rails on Interurban Economic Linkages in China [J]. Acta Geographica Sinica, 2014, 69 (12).

[31] Willigers J, Wee B V. High-Speed Rail and Office Location Choices. A Stated Choice Experiment for the Netherlands [J]. Journal of Transport Geography, 2011, 19 (4): 745-754.

[32] Yang H, Dijst M, Witte P, et al. The Spatial Structure of High Speed Railways and Urban Networks in China: A Flow Approach [J]. Tijdschrift Voor Economische En Sociale Geografie, 2017 (1).

[33] Yiu C, Wong S. Expectation Effects of Transportation Improvement Works on Housing Prices [J]. Urban Studies, 2005.

[34] Zheng S, Kahn M E. China's Bullet Trains Facilitate Market Integration and Mitigate the Cost of Mega City Growth [J]. Science Foundation in China, 2013, 110 (1): 1248-1253.

[35] Zou X, Qin S. The Economic Impact of High-Speed Railways on Zhaoqing in the West River and the Suijiang River Basin [J]. Journal of Zhaoqing University, 2017 (1).

[36] Nathalie Van Nuffel. Measuring Hierarchical Differentiation: Connectivity and Dominance in the European Urban Network [J]. Transportation Planning and Technology, 2010, 33 (4): 343-366.

[37] Isard W, Bassett K, Choguill C, Furtado J, Izumita R, Kissin J, et al. On the Linkage of Socio-Conomic and Ecologic Systems [J]. Papers of the

Regional Science Association, 1968, 21 (1).

[38] Sanchez-Mateos H S M, Givoni M. The Accessibility Impact of a New High-Speed Rail Line in the UK - A Preliminary Analysis of Winners and Losers [J]. Journal of Transport Geography, 2012 (25): 105-114.

[39] Brander J A, Krugman P R. A "Reciprocal Dumping" Model of International Trade [A]. Queen's University, Department of Economics, 1980.

[40] Kim H. , Sultana S. , Weber J. A Geographic Assessment of the Economic Development Impact of Korean High-Speed Rail Stations [J]. Transport Policy, 2018 (1).

[41] Rodriguez M A, Lantz A, Armstrong D W. Capillary Electrophoretic Method for the Detection of Bacterial Contamination [J]. Analytical Chemistry, 2006, 78 (14): 47-59.

[42] Rockne K J, Strand S E. Anaerobic Biodegradation of Naphthalene, Phenanthrene, and Biphenyl by a Denitrifying Enrichment Culture [J]. Water Res, 2001, 35 (1): 291-299.

[43] James G, Strathman T J, Kimpel. Evaluation of Transit Operations: Data Applications of Tri-Met's Automated Bus Dispatching System [J]. Transportation, 2002.

[44] Brod D, Lewis-Workman S, O'conner M. Precursor Systems Analyses of Automatedted Highway Systems [J]. Preliminary Cost/Benefit Factors Analysis, 1995.

[45] Al-Mosaind M A. Freeway Traffic Congestion in Riyadh, Saudi Arabia: Attitudes and Policy Implications [J]. Journal of Transport Geography, 1998 (1).

[46] Gannot S B, David W Signal. Enhancement Using Beamforming and Nonstationarity with Applications to Speech [J]. IEEE Transactions on Signal Processing, 2001 (1).

[47] Krugman P. Increasing Returns and Economic Geography [J]. Journal

of Political Economy, 1991, 99 (3): 483-499.

[48] Barro R J, Helpman E, Katz L F, Schleifer A. Recombinant Growth [J]. Quarterly Journal of Economics, 1998 (1): 331-360.

[49] Duranton G, Puga D. Diversity and Specialisation in Cities: Why, Where and When Does It Matter? [J]. Urban Studies, 1999, 37 (3).

[50] Ottaviano G, Turrini A. Distance and FDI When Contracts Are Incomplete [J]. Ssrn Electronic Journal, 2002 (1).

[51] Ellison J W, Zabihullah W, Young M F, Pamela G R, Marion L W, Winston C. Phog, A Candidate Gene for Involvement in the Short Stature of Turner Syndrome [J]. Human Molecular Genetics, 1997 (8): 1341-1347.

[52] Cheng Y S, Li S K. Income Inequality and Efficiency: A Decomposition Approach and Applications to China [J]. Economics Letters, 2006, 91 (1): 8-14.

[53] Masson S, Petiot R. Can High-Speed Rail Reinforce Tourism Attractiveness? The Case of the High-Speed Rail between Perpignan (France) and Barcelona (Spain) [J]. Technovation, 2009, 29 (9): 611 - 617.

[54] Wheeler D L. Mathematicians Develop New Tools to Tackle Environmental Problems [M]. Chronicle of Higher Education, 1992.

[55] Martin P, Rogers C A. Industrial Location and Public Infrastructure [J]. Journal of International Economics, 1995, 39 (3-4): 335-351.

[56] Levinson D M. Economic Development Impacts of High Speed Rail [J]. Ssrn Electronic Journal, 2010 (72).

[57] 陈有孝, 林晓言, 刘云辉. 城市轨道交通建设对地价影响的评估模型及实证——以北京市轨道交通为例 [J]. 北京交通大学学报 (社会科学版), 2005, 4 (3): 7-13.

[58] 邓涛涛, 王丹丹, 程少勇. 高速铁路对城市服务业集聚的影响 [J]. 财经研究, 2017, 43 (7): 119-132.

[59] 丁金学. 高铁对沿线产业发展的影响及建议 [J]. 中国经贸导刊,

2014（36）：40-43.

[60] 冯长春，谢旦杏，马学广，蔡莉丽．基于城际轨道交通流的珠三角城市区域功能多中心研究 [J]．地理科学，2014，34（6）：648-655.

[61] 高翔，龙小宁，杨广亮．交通基础设施与服务业发展——来自县级高速公路和第二次经济普查企业数据的证据 [J]．管理世界，2015（8）：81-96.

[62] 顾杰，贾生华．公共交通改善期望对住房价格及其价格空间结构的影响——基于杭州地铁规划的实证研究 [J]．经济地理，2008（6）：1020-1024.

[63] 谷一桢，郭睿．轨道交通对房地产价值的影响——以北京市八通线为例 [J]．经济地理，2008，28（3）：411-414.

[64] 谷一桢，郑思齐．轨道交通对住宅价格和土地开发强度的影响——以北京市13号线为例 [J]．地理学报，2010，65（2）：213-223.

[65] 郭璐筠．沪宁高铁对沿线城市旅游产业集聚水平的影响 [J]．特区经济，2016（11）：47-49.

[66] 何剑华，郑思齐．新建地铁能提升住宅价格吗？——以北京地铁13号线为例 [J]．城市开发，2004（11）：36-38.

[67] 何宁，顾保南．城市轨道交通对土地利用的作用分析 [J]．城市轨道交通研究，1998，1（4）：32-36.

[68] 侯玉亭．城市交通对住宅地价的影响研究 [D]．北京大学，2007.

[69] 嵇昊威，赵媛．长三角高速铁路网建设对江苏省煤炭铁路运输能力的影响 [J]．自然资源学报，2014（2）：304-312.

[70] 焦敬娟，王姣娥，金凤君，王涵．高速铁路对城市网络结构的影响研究——基于铁路客运班列分析 [J]．地理学报，2016，71（2）：265-280.

[71] 李红昌，Linda Tjia，胡顺香．中国高速铁路对沿线城市经济集聚与均等化的影响 [J]．数量经济技术经济研究，2016（11）：127-143.

[72] 李雪松，孙博文．高铁开通促进了地区制造业集聚吗？——基于京广高铁的准自然试验研究 [J]．中国软科学，2017（7）：81-90.

[73] 林晓言，石中和，吴笛，等．高速铁路对城市人才吸引力的影响分

析［J］. 北京交通大学学报（社会科学版），2015，14（3）：7-16.

［74］刘生龙，郑世林. 交通基础设施跨区域的溢出效应研究——来自中国省级面板数据的实证证据［J］. 产业经济研究，2013（4）：59-69.

［75］卢福财，詹先志. 高速铁路对沿线城市工业集聚的影响研究——基于中部城市面板数据的实证分析［J］. 当代财经，2017（11）：90-101.

［76］刘亚洲，李祥妹，王君. 沪宁高铁沿线制造业产业发展优势空间分异研究［J］. 华东经济管理，2013（7）：67-71.

［77］罗震东，何鹤鸣，耿磊. 基于客运交通流的长江三角洲功能多中心结构研究［J］. 城市规划学刊，2011（2）：16-23.

［78］罗震东，朱查松，薛雯雯. 基于高铁客流的长江三角洲空间结构再审视［J］. 上海城市规划，2015（4）：74-80.

［79］潘海啸，钟宝华. 轨道交通建设对房地产价格的影响——以上海市为案例［J］. 城市规划学刊，2008（2）：62-69.

［80］覃成林，杨晴晴. 高速铁路对生产性服务业空间格局变迁的影响［J］. 经济地理，2017，37（2）：90-97.

［81］汪德根，陈田，李立. 国外高速铁路对旅游影响研究及启示［J］. 地理科学，2012，32（3）：322-328.

［82］王晓玲，陈浩，方杏村. 交通运输、政府作用对服务业效率的影响及区域差异测算［J］. 统计与决策，2015（22）：90-93.

［83］王霞，朱道林，张鸣明. 城市轨道交通对房地产价格的影响——以北京市轻轨13号线为例［J］. 城市问题，2004（6）：39-42.

［84］吴昌南，陈小兰. 我国服务业生产效率区域差异的实证研究——基于高速公路密度和改革力度的视角［J］. 经济地理，2014，34（8）：118-124.

［85］肖雁飞，张琼，曹休宁，等. 武广高铁对湖南生产性服务业发展的影响［J］. 经济地理，2013，33（10）：103-107.

［86］叶霞飞，蔡蔚. 城市轨道交通开发利益还原方法的基础研究［J］. 铁道学报，2002，24（1）：97-103.

［87］殷平．高速铁路与区域旅游新格局构建——以郑西高铁为例［J］．旅游学刊，2012，27（12）：47-53.

［88］张楠楠，徐逸伦．高速铁路对沿线区域发展的影响研究［J］．地域研究与开发，2005（3）：32-36.

［89］张书明，王晓文，王树恩．高速铁路对制造业区位选择及产业结构的影响——以日本高速铁路为例［J］．山东建筑大学学报，2012，27（6）：551-554.

［90］张文新，丁楠，吕国玮，等．高速铁路对长三角地区消费空间的影响［J］．经济地理，2012，32（6）：1-6.

［91］张小松，胡志晖，郑荣洲．城市轨道交通对土地利用的影响分析［J］．城市轨道交通研究，2003，6（6）：24-26.

［92］郑捷奋，刘洪玉．城市轨道交通对房地产价值影响研究综述［J］．铁道运输与经济，2003，25（10）：14-16.

［93］冯长春，谢旦杏，马学广，蔡莉丽．基于城际轨道交通流的珠三角城市区域功能多中心研究［J］．地理科学，2014，34（6）：648-655.

［94］罗震东．长江三角洲功能多中心程度初探［J］．国际城市规划，2010，25（1）：60-65.

［95］刘正兵，刘静玉，何孝沛，等．中原经济区域城市空间联系及其网络格局分析——基于城际客运流［J］．经济地理，2014，34（7）：58-66.

［96］郑德高，杜宝东．寻求节点交通价值与城市功能价值的平衡——探讨国内外高铁车站与机场等交通枢纽地区发展的理论与实践［J］．国际城市规划，2007（1）.

［97］杨维凤．京沪高速铁路对我国区域经济发展的影响［J］．生态经济，2011（7）：61-64.

［98］史佳璐．高速铁路对城市空间结构的影响研究［D］．山东师范大学，2015.

［99］马歇尔，周军．供给学派与里根经济学［J］．世界经济文汇，1991

（2）：77-80.

［100］文玫. 中国工业在区域上的重新定位和聚集 ［J］. 经济研究，2004（2）：84-94.

［101］文东伟，冼国明. 中国制造业产业集聚的程度及其演变趋势：1998~2009 年 ［J］. 世界经济，2014（3）：3-31.

［102］贺灿飞，朱晟君. Labor Composition，Urban Structure and Industrial Agglomeration of Manufacturing Industries in Beijing ［J］. 中国软科学，2007（11）：104-113.

［103］陈建军，崔春梅. Different Development Paths Based on Technology Spillover Effect of FDI：Taking Developed Coastal Regions in China as an Example ［J］. 国际贸易问题，2009（12）：106-113.

［104］梁琦，刘厚俊. 产业区位生命周期理论研究 ［J］. 南京大学学报（哲学·人文科学·社会科学版），2003，40（5）：139-146.

［105］安东尼·吉登斯，帕德里克·戴蒙德，罗杰·里德，Anthony Giddens，Patrick Diamod，RogerLiddle et al. 欧洲模式：全球欧洲、社会欧洲 ［M］. 北京：社会科学文献出版社，2010.

［106］迪帕斯奎尔. 城市经济学与房地产市场 ［M］. 北京：经济科学出版社，2002.

［107］藤田昌久，保罗·克鲁格曼，安东尼·J. 维. 空间经济学 ［M］. 北京：中国人民大学出版社，2011.